“十三五”国家重点图书出版规划项目

国际组织志
INTERNATIONAL ORGANIZATIONS SURVEYS

# 欧洲复兴开发银行

EUROPEAN BANK
FOR RECONSTRUCTION AND DEVELOPMENT

曹 慧 著

社会科学文献出版社
SOCIAL SCIENCES ACADEMIC PRESS (CHINA)

# 出版说明

自20世纪90年代以来，世界格局和形势发生重大变化，国际秩序进入深刻调整期。世界多极化、经济全球化、文化多样化、社会信息化加速发展，而与此同时，地缘冲突、经济危机、恐怖威胁、粮食安全、网络安全、环境和气候变化、跨国有组织犯罪等全球性问题变得更加突出，在应对这些问题时以联合国为中心的国际组织起到引领作用。特别是近年来，逆全球化思潮暗流涌动，单边主义泛起，贸易保护升级，以维护多边主义为旗帜的国际组织的地位和作用更加凸显。

作为发展中大国，中国是维护世界和平与发展的重要力量。对于世界而言，应对人类共同挑战，建设和改革全球治理体系，需要中国的参与；对于中国而言，国际组织不仅是中国实现、维护国家利益的重要途径，也是中国承担国际责任的重要平台。考虑到国际组织作为维护多边主义和世界和平与发展平台的重大作用，我们决定在以介绍世界各国及国际组织为要旨的《列国志》项目之下设立《国际组织志》子项目，将“国际组织”各卷次单独作为一个系列编撰出版。

从概念上讲，国际组织是具有国际性行为特征的组织，有广义、狭义之分。狭义上的国际组织仅指由两个或两个以上国家（或其他国际法主体）为实现特定目的和任务，依据其缔结的条约或其他正式法律文件建立的有一定规章制度的常设性机构，即通常所说的政府间国际组织（IGO）。这样的定义虽然明确，但在实际操作中对政府间国际组织的界定却不总是完全清晰的，因此我们在项目运作过程中参考了国际协会联盟（Union of International Associations，UIA）对国际组织的归类。除了会籍普遍性组织（Universal Membership Organizations）、洲际性组织（Intercontinental Membership Organizations）和区域性组织（Regionally Defined Membership Organizations）等常见的协定性国际组织形式外，UIA 把具有特殊架构的组织也纳入政府间国际组织的范围，比如论坛性组织、国际集团等。考虑到这些新型国际组织数量增长较快，而且具有灵活、高效、低成本等优势，它们在全球事务中的协调作用及影响力不容忽视，所以我们将这些新型的国际组织也囊括其中。

广义上的国际组织除了政府间国际组织之外，还包括非政府间的国际组织（INGO），指的是由不同国家的社会团体或个人组成，为促进在政治、经济、科学技术、文化、宗教、人道主义及其他人类活动领域的国际合作而建立的一种非官方的国际联合体。非政府间国际组织的活动重点是社会发展领域，如扶贫、环保、教育、卫生等，因其独立性和专业性而在全球治理领域发挥着独特作用。鉴于此，我们将非政府间的国际组织也纳入《国际组织志》系列。

构建人类命运共同体，建设持久和平、普遍安全、共同繁荣、开放包容、清洁美丽的世界，是习近平总书记着眼人类发展和世界前途提出的中国理念，受到了国际社会的高度评价和热烈响应。中国作为负责任大国，正以更加积极的姿态参与推动人类命运共同体的建设，国际组织无疑是中国发挥作用的重要平台。这也是近年来我国从顶层设计的高度将国际组织人才培养提升到国家战略层面，加大国际组织人才培养力度的原因所在。

《国际组织志》丛书属于基础性研究，强调学术性、权威性、应用性，作者队伍由中国社会科学院国际研究学部及国内各高校、科研机构的专家学者组成。尽管目前国内有关国际组织的研究已经取得了较大进步，但仍存在许多亟待加强的地方，比如对有关国际组织制度、规范、法律、伦理等方面的研究还不充分，可供国际事务参与者借鉴参考的资料还很缺乏。

正因为如此，我们希望通过《国际组织志》这个项目，搭建起一个全国性的国际组织研究与出版平台。研究人员可以通过这个平台，充分利用已有的资料和成果，深入挖掘新的研究课题，推进我国国际组织领域的相关研究；从业人员可以通过这个平台，掌握国际组织的全面资料与最新资讯，提高参与国际事务的实践能力，更好地在国际舞台上施展才能，服务于国家发展战略；更重要的是，正在成长的新一代学子可以通过这个平台，汲取知识，快速成长为国家需要的全球治理人才。相信在各方的努力与支持下，《国际组织志》项目必将在新的国际国内环境中体现其独有的价值与意义！

新版《列国志》与《国际组织志》联合编辑委员会

2018 年 10 月

# CONTENTS
# 目录

CONTENTS

# 目 录

# CONTENTS

# 目录

# CONTENTS 目录

CONTENTS

# 目 录

# 图表目录

# 第一章

# 概况

欧洲复兴开发银行（European Bank for Reconstruction and Development，以下简称“EBRD”）成立于1991年。该行不仅向银行、企业等提供融资，而且，也向政府提供政策对话、技术支持、商业顾问等服务。截至2020年3月底，欧洲复兴开发银行已向近40个国家和地区的5600多个项目累计投资超过1400亿欧元。①

## 一　历史沿革

欧洲复兴开发银行是在欧洲一体化发展过程中应运而生的。1989年10月，时任法国总统密特朗首先提出建立欧洲复兴开发银行的设想。而后，该想法得到欧洲共同体（欧洲联盟的前身）各成员国和其他一些国家的积极响应。相关各方在通过《欧洲复兴开发银行创建协议》后，欧洲复兴开发银行于1991年4月14日正式开始营业，总部设在英国伦敦。欧洲复兴开发银行的主要任务，是帮助冷战后中东欧国家的重建与复兴，支持其向市场经济转型。

在1991年成立之际，欧洲复兴开发银行拥有100亿欧洲货币单位（约合120亿美元）来自股东的认购资本。股东成员包括39个国家，以及欧洲共同体和欧洲投资银行（European Investment Bank，简称EIB）。

① EBRD，“History of the EBRD”，https：//www.ebrd.com/cs/Satellite？c = Content&cid = 1395236789737&pagename = EBRD%2FContent%2FContentLayout，访问时间：2020年2月20日。

美国是最大的国家股东成员，所持资本占总资本的10%。其次是法国、德国、意大利、日本和英国，各占8.5%。东欧国家总共拥有的资本份额占11.9%。2015年10月，中国申请加入欧洲复兴开发银行，并于2016年1月正式成为第67位股东成员。

## 二 宗旨与目标

根据《欧洲复兴开发银行创建协议》，欧洲复兴开发银行被赋予的使命是在考虑加强民主、尊重人权、保护环境等因素下，帮助和支持中东欧国家，调动上述国家的人民和企业的积极性，促使其向民主政体和市场经济转型（transition）。EBRD投资的主要范围包括中东欧国家的私营企业以及这些国家的基础设施。

简言之，成立EBRD的目的是在后冷战时代，在中东欧地区重建以市场为导向的区域经济。20世纪90年代初，为应对急速变化的世界政治、经济局势，欧洲复兴开发银行从构思到1991年4月在伦敦开始运营仅仅用了18个月时间。从创建至今，EBRD经历了苏联解体、两次金融危机、"阿拉伯之春"以及难民危机。在变动的政经环境中，欧洲复兴开发银行始终为所在业务运营国提供公、私部门投资和服务，尤其是在银行体系改革、价格自由化、建立财产权益合作体制以及国企私有化等方面。

截至2020年2月，欧洲复兴开发银行的股东成员包括67个国家、2个国际组织，国际组织包括欧洲联盟（European Union）和欧洲投资银行。该行与各国政府、主管当局以及公民社会团体保持密切的政治对话，以推行其所追求的目标。EBRD亦与其他国际组织展开合作，包括经济合作与发展组织（OECD）、国际货币基金组织（IMF）、世界银行（World Bank）以及联合国（United Nations）等。

## 三 创建协议和章程

欧洲复兴开发银行尽管不属于欧盟官方机构，但《欧洲复兴开发银行创建协议》赋予该行明显的政治元素。这样做的目的是确保 EBRD 所投的项目使所在国能够向市场经济、多党民主和多元主义转型。

自欧洲复兴开发银行正式运行以来，银行董事会（Board of Directors）需在日常操作中，确保《关于执行欧洲复兴开发银行章程中政治原则的流程》中的政治要求。该流程曾于 2013 年更新过一次。

需要说明的是，在本章下文中提到的“银行”均指欧洲复兴开发银行。

### （一）政治原则

政治原则被置于《欧洲复兴开发银行创建协议》（以下简称“《协议》”）前言部分，是该行的核心所在。《协议》所列“原则”为 EBRD 章程的基础内容。在《协议》中，第 1 条、第 8 条规定分别阐述成立银行的宗旨以及如何使用银行资源。

> 第 1 条：
>
> 为致力于经济振兴与重建，银行的目的应促进向开放、以市场为导向的经济转型，以及向接受多党民主、多元主义和市场经济的中东欧国家推动私有制、中小企业经济。

《协议》第 8 条所指出的与《协议》其他条款一样，EBRD 项目运营国需承诺遵守该行的上述原则。《协议》的其他缔约方被视为已接受这些国家的承诺。

> 第 8 条第 1、2 段：
>
> 1）银行的资源和设施应无一例外地应用于执行实现协议第 1、第 2 条款中分别所述之功能。
>
> 2）银行可在那些坚定地向以市场为导向，推动私有制、中小企业经济的中东欧国家开展业务。这些国家均需接受协议条款所列原则。

为实现目标,《协议》授权 EBRD(第 20 条第 6 款第 1 段)可提供技术咨询和协助,并为技术支持提供融资(第 13 条第 2 段)。《协议》呼吁,银行管理层应至少每年一次,对在中东欧国家实施的运营项目和贷款政策进行评估,确保其符合银行的各项原则。其中包括这些项目和贷款政策是否完全履行银行章程所规定的政治原则。

从上述《协议》规定,尤其是第 1 条所述内容不难看出,欧洲复兴开发银行成立伊始,便被欧盟赋予"转型"的重任,引导有潜力的经济体向市场经济转型,同时,迈向民主与法治。

### (二)有关执行的相关规定

在《关于执行欧洲复兴开发银行章程中政治原则的流程》(以下简称"《流程》")中,[①] 欧洲复兴开发银行进一步将政治原则融入项目执行中。

在目标方面,《流程》规定:

> 因及《协议》认可的经济与政治之间的联系,确定运营国业务是否符合多党民主、多元化和市场经济进程评估的方法对银行实现章程的成功至关重要。银行章程中经济原则不在本《协议》管辖范围,不过,经济原则的评估与政治原则一样,对银行在运营国或潜在运营国项目执行的总体概况十分重要。

在评估政治因素和基准问题方面,《流程》规定:

> 在评价政治进程时,通常将重点放在人权方面。人权参考论述被写入《协议》前言,而非《协议》正文。这种安排是有意为之。这样做的目的不是将人权从银行章程的政治原则中剔除,而是强调,这

① EBRD, "Political Aspects of the Mandate of the European Bank for Reconstruction and Development: Procedures to Implement the Political Aspects of the Mandate of the European Bank for Reconstruction and Development", 2013.

些符合国际标准的权利，即多党民主、多元化和市场经济应被用于考量国家的转型进程。这可以被理解为，《协议》首先关注的是公民和政治权利。其他权利，如经济和社会等推进多党民主、多元化和市场经济等权利均应一并纳入银行的日程运营中进行考量。

选择与政治进程的相关因素和基准问题应审慎且贯穿始终。只有那些被视为多党民主、多元化和市场经济的核心因素才应被银行用来评估一个国家在政治方面的转型进程。在通过一系列该国民主和民主转型文献分析、国际政府和非政府组织的外部咨询以及专家评估后，与政治方面相关的权利可分为四类：

- ◆ 自由选举和政府代表；
- ◆ 公民社会、媒体和参与；
- ◆ 法治和司法准入；
- ◆ 公民和政治权利。

**表 1-1 欧洲复兴开发银行对运营国和潜在运营国进行政治进程评估可参考的因素**

| | |
|---|---|
| 自由选举和政府代表 | 1. 自由、公平和竞争的选举 |
| | 2. 分权和有效的平衡机制 |
| | 3. 有效管理政府的权利 |
| 公民社会、媒体和参与 | 4. 公民社会的规模和独立性 |
| | 5. 没有审查制度，独立、多元的媒体 |
| | 6. 公民参政的多种渠道 |
| | 7. 自由结党和反对党派的存在 |
| 法治和司法准入 | 8. 法律的至高性 |
| | 9. 司法体系的独立性 |
| | 10. 法律面前政府与公民平权 |
| | 11. 有效防止腐败的政策和机制 |
| 公民和政治权利 | 12. 拥有演讲、获得信息、信仰宗教、组织运动、集会、私有物业的权利 |
| | 13. 对妇女、不同种族和其他少数民族的政治包容 |
| | 14. 杜绝骚扰、挑衅和使用酷刑 |

这些国际认可的因素应被银行应用在运营国和潜在的运营国，包括技术合作项目，以推动该国向以市场为导向的经济转型，实现《协议》第13条规定的运营原则。譬如，银行应在基础设施项目或其他项目的准备阶段，鼓励当地公众的参与、参加问询活动，以便设计一套由公、私部门客户共担的企业社会责任政策，为参与项目的政府公共部门建立更完善的消费者保护机构。

在政治因素评价的时间性上，《流程》规定：

按《协议》第11.2（i）条要求，银行应每年、对每个运营国实施的运营和贷款战略进行评估，考核这些国家是否符合条款1中的政治原则要求。相应地，政治因素评价是银行制定《国家战略》（每三年修订）以及《国家战略更新》（每年修订）不可分割的一部分。银行不会对每个项目进行政治因素评价，也不会对所投项目的投入或潜在投入（帮助运营国向功能性市场、民主和多元社会过渡）进行评估。

对运营国的政治评估通常被写入《国家战略》和《国家战略更新》里，政治方面的进展是通过全年监督并向银行管理层汇报，经董事会通过后形成的。该过程可确保管理层随时、随地决定银行是否采取与《协议》第8.3条相符的行动。

## （三）价值观

欧洲复兴开发银行的所有工作都遵循一套明确定义的标准流程。在有效的法律、规制架构下，建立良好的投资环境，促进公司治理，包括良好的管理制度、反对贪污、信息披露制度，以及清晰、一致的会计及审计制度。EBRD的运作旨在符合无害环境和可持续发展的需要。

欧洲复兴开发银行秉持的价值观包括：支持多党民主和多元主义，支持向市场经济转型、环境和社会可持续性、透明、性别平等、诚信、合规，反对性骚扰等。

# 四 功能

从章程看，EBRD 被赋予“推动可持续发展和多党民主”两大功能。

在推动可持续发展方面，EBRD 将欧盟的气候变化、能源、环境、社会等政策融入其投资项目的实际操作中，利用投资者、市场参与者的身份搭建与转型国家政府部门之间的“政策对话”渠道，将欧盟标准和价值观扩散到当地政府部门中，对其决策产生影响，推动当地的经济、金融、司法等领域的改革与转型。根据 EBRD 发布的《法律转型计划：司法改革项目 1996 ~ 2015 年（9 月）》报告（司法转型项目清单参见附录表 2），在 1996 ~ 2015 年，EBRD 不仅鼓励当地进行金融市场改革，甚至会直接参与转型国家的产业规划、法律制度完善和司法体系建设。如在土耳其，EBRD 为该国政府起草了支持能源行业发展规划。在哈萨克斯坦，EBRD 负责执行可再生能源二级立法的起草工作。在通信、公司治理、基础设施联网等立法领域，EBRD 为哈国政府提供政策建议和法律评估。在吉尔吉斯斯坦，EBRD 草拟了该国破产法案，并在通信、可再生能源、能效、司法体制建设、公司治理和投资者保护等方面提供政策咨询。在俄罗斯，EBRD 参与“提高公共建筑能效”立法起草工作。在约旦，为增强解决与竞争法、知识产权法等相关纠纷的能力，EBRD 为约旦司法部门提供培训讲座，近百余名法官从中受益。可以说，在这些转型国家中，EBRD 的“影子”无处不在。

在推动民主进程方面，EBRD 的作用体现在三点，即对项目附加政治条件、提高公民的有效参与意识以及加强公司内部治理。实际上，EBRD 已将这三点融入日常的项目运作上。

对项目附加政治条件（conditionality），是 EBRD 的硬性要求。从创建协议看，“推动经济转型、市场改革和民主进程”等原则已经为所有 EBRD 的项目自动带上了政治条件。此外，按照惯例，EBRD 参与的项目大多是和其他国际多边金融机构，如世界银行、亚洲开发银行等联合投资，这也增强了其项目具有附加条件的共性。

在设置透明、问责制的内部公司治理结构、提高当地公民的参与意识方面，EBRD 的影响力不容忽视。在政治学理论中，民主政治与公民参与相互依存。公民有效参与是民主国家的充分体现。公民只有免费、自由地获取信息，有能力影响决策过程，有机会对政府决定进行独立评估才能算是有效参与。EBRD 虽然没有在教育、脱贫等项目上投资，但鉴于其本身透明化、问责制的内部治理制度要求，在项目立项、执行、监督和评估等环节均采取信息公开，鼓励公民个人或市民社会组织（civil society organizations）的参与。如在立项阶段，当地的项目申请方需要提供由独立咨询机构提供的“环境与社会评估”（environmental and social assessment）报告，只有符合 EBRD 的条件，项目才会被批准。在项目执行阶段，EBRD 有标准、高效的“项目投诉机制”，使项目所在地的任何人都可因环境或社会因素向其表达不满和诉求，得到接受后，在其官网上予以公布（http：//www. ebrd. com/work - with - us/project - finance/project - complaint - mechanism）。如 2015 年初，蒙古国的部分牧民和非政府组织对 EBRD 在该国参与投资的 Tayan Nuur 铁矿石项目提出投诉，抱怨该项目的施工和建设不仅严重干扰了当地人游牧式生活方式，而且还对当地空气、路面、水资源等造成污染。该投诉信敦促 EBRD 展开调查，重新审议该项目是否与该行环境与社会标准相符。EBRD “项目投诉机制”部门应召集所有利益相关方，就此议题展开对话。而正是由于类似非政府组织在温室气体排放标准等方面的抗议，2014 年 EBRD 经过内部审议，决定停止其在罗马尼亚 Oltenia-Turceni 火力发电站重建项目上的投资。

通过这种标准化、透明、公开的项目操作，EBRD 可以潜移默化地对转型国家政府部门产生示范效应，培养当地群众的参与意识，成为其衡量环境和社会影响的参照标准。

## 五　组织结构与公司治理

截至 2019 年 12 月 31 日，欧洲复兴开发银行共有 69 个股东成员，其中包括欧洲联盟和欧洲投资银行。这些股东通过资本认购，形成欧洲复兴开发银行的核心资产。

欧洲复兴开发银行理事会（Board of Governors）是该行的最高权力机构。每个股东在理事会中都有正副代表各一名，该行每年举行一次理事会全体代表大会。理事会对欧洲复兴开发银行拥有全面的权力，负责制定政策、决定计划案及审核预算等总体方向。经选举，西班牙代表当选为理事会 2019～2020 年主席，立陶宛和罗马尼亚股东代表为副主席。

在保留对银行的总体权力的同时，理事会已将其大部分权力下放给董事会（Board of Directors）。董事会负责批准欧洲复兴开发银行的国别、部门和主题战略、政策和业务。① 董事会由 23 名董事组成，由行长担任主席。每个董事代表一个或多个股东。根据理事会的总体权力，董事会负责指导符合理事会确定的总体目标的银行业务和政策。董事会行使《创建协议》和理事会明确授予的权力，董事任期为 3 年。董事会负责指导银行的日常业务工作，并负责推选行长。②

欧洲复兴开发银行行长（President）由理事会选举、任命。行长主持董事会会议，在投票票数相等的情况下拥有决定性的一票。行长是银行的法定代表人和首席职员，在董事会的领导下，行长负责银行的日常业务，行长每届任期为四年。副行长则由行长推荐、理事会任命。③ 至本书截稿之际（2020 年 3 月 31 日），欧洲复兴开发银行现任行长为苏马·查克拉巴蒂爵士（Sir Suma Chakrabarti），④ 查克拉巴蒂爵士自 2012 年起担任行长一职。

欧洲复兴开发银行包括金融、人事、行政、计划评估、运营支持暨核能安全、秘书处、法律室、首席经济家、内部审计、通信等部门。

---

① EBRD, "Directors of the EBRD", https://www.ebrd.com/directors-of-the-ebrd.html, 访问时间：2020 年 2 月 20 日。

② EBRD, "Corporate Governance", https://www.ebrd.com/corporate-governance.html, 访问时间：2020 年 2 月 20 日。

③ EBRD, "Corporate Governance", https://www.ebrd.com/corporate-governance.html, 访问时间：2020 年 2 月 20 日。

④ EBRD, "Who We Are", https://www.ebrd.com/who-we-are.html, 访问时间：2020 年 2 月 20 日。

欧洲复兴开发银行总部设于伦敦，在 38 个运营国设有 50 个代表处。①

## 六 运营模式及业务范围

欧洲复兴开发银行在欧、亚、非三大洲的 37 个国家从事投资业务（参见表 1－2）。截至 2019 年底，EBRD 已在 4555 个项目投资逾 1000 亿欧元。近年来加入的国家包括蒙古国（2006 年），土耳其（2009 年），约旦、突尼斯、摩洛哥、埃及、科索沃（2012 年）、塞浦路斯（2014 年）以及希腊（2015 年）。迄今，仅有捷克共和国从 EBRD 运营国（countries of operations）中“毕业”。从 2008 年起，捷克不再获得 EBRD 的投资。②

**表 1－2 欧洲复兴开发银行开展业务运营国家汇总（截至 2019 年 12 月 31 日）**

| 东南欧地区 | 中欧、波罗的海地区 | 东欧、高加索地区 | 中亚地区 | 地中海东岸、南岸地区 | 其他 |
|---|---|---|---|---|---|
| 阿尔巴尼亚 | 克罗地亚 | 亚美尼亚 | 哈萨克斯坦 | 埃及 | 俄罗斯 |
| 波黑 | 爱沙尼亚 | 阿塞拜疆 | 吉尔吉斯斯坦 | 约旦 | 土耳其 |
| 保加利亚 | 匈牙利 | 白俄罗斯 | 蒙古国 | 摩洛哥 | |
| 塞浦路斯 | 拉脱维亚 | 格鲁吉亚 | 塔吉克斯坦 | 突尼斯 | |
| 北马其顿 | 立陶宛 | 摩尔多瓦 | 乌兹别克斯坦 | 巴勒斯坦* | |
| 希腊 | 波兰 | 乌克兰 | | | |
| 科索沃 | 斯洛伐克 | | | | |
| 黑山 | 斯洛文尼亚 | | | | |
| 罗马尼亚 | （捷克）** | | | | |
| 塞尔维亚 | | | | | |

注：* 巴勒斯坦包括约旦河西岸和加沙地区。

** 捷克已不在 EBRD 投资的运营国之列。

资料来源：EBRD，“Where We Are”，https：//www. ebrd. com/where－we－are. html，访问时间：2020 年 2 月 20 日。

① Suma Chakrabarti，“Helping Kazakhstan Achieve Its Destiny”，speech by EBRD President Sir Suma Chakrabarti，20 March 2020，https：//www. ebrd. com/news/speeches/helping－kazakhstan－achieve－its－destiny. html，访问时间：2020 年 3 月 20 日。

② EBRD，“Graduation of EBRD Operations in the Czech Republic”，March 2007.

**1. 经营范围**

“发展银行业务兼顾商业银行的投融资服务”是欧洲复兴开发银行的经营方针。其主要业务包括：

（1）提供必要的技术支持（technical assistance）和人员培训；

（2）通过项目融资、政策对话（policy dialogue）等帮助运营国政府制定政策及措施，推动其经济改革，破除商业垄断化，推动私有化；

（3）为基础设施提供贷款；

（4）参与筹建金融机构、银行体系及资本市场体系；

（5）帮助、支持筹建产业体系，尤其注重扶持中小型企业的发展。

**2. 财务、运营状况**

据2018年度财务报表统计，欧洲复兴开发银行2018年实现净利3.4亿欧元，低于2017年的7.72亿欧元（参见表1-3）。在总利润中，贡献净利最多部分的利息收入为7.51亿欧元，与2017年基本持平。①

欧洲复兴开发银行利润减少的原因主要有两个。第一，该行2018年的股权收益大幅收窄，2018年为2800万欧元，远远低于2017年的3.32亿欧元。第二，2018年的拨备准备金为1.92亿欧元，远高于2017年的100万欧元。② 收入减少、支出增加，造成EBRD当年利润下滑。

导致欧洲复兴开发银行2018年业绩下滑的因素有两个。一是该行所投资经济体的股票市场形势不利；二是该行投资的一些基础货币，如俄罗斯卢布和土耳其里拉遭遇贬值。土耳其里拉贬值使EBRD大幅提升拨备准备金，导致不良贷款率从2017年的3.9%升至4.7%。③

① EBRD，“Financial Report 2018”，https：//2018. fr - ebrd. com/financial - results/，8 May 2019，访问时间：2020年2月20日。

② EBRD，“Financial Report 2018”，https：//2018. fr - ebrd. com/financial - results/，8 May 2019，访问时间：2020年2月20日。

③ EBRD，“Financial Report 2018”，https：//2018. fr - ebrd. com/financial - results/，8 May 2019，访问时间：2020年2月20日。

**表 1 - 3　欧洲复兴开发银行财务及运营状况（2014 ~ 2018）**

单位：百万欧元

| | | 2018 年 | 2017 年 | 2016 年 | 2015 年 | 2014 年 |
|---|---|---|---|---|---|---|
| 财务状况 | 董事会批准净收入转移前净利润（净亏损） | 340 | 772 | 992 | 802 | -568 |
| | 董事会批准的净收入转移 | -130 | -180 | -181 | -360 | -155 |
| 财务状况 | | 2018 年 | 2017 年 | 2016 年 | 2015 年 | 2014 年 |
| | 董事会批准净收入转移后净利润（净损失） | 210 | 592 | 811 | 442 | -723 |
| | 减值前实现利润 | 606 | 634 | 649 | 949 | 927 |
| | 实收资本 | 6215 | 6211 | 6207 | 6202 | 6202 |
| | 储备及留存收益 | 10068 | 9961 | 9351 | 8504 | 7947 |
| | 成员权益总额 | 16283 | 16172 | 15558 | 14706 | 14149 |
| 运营状况 | | 2018 年 | 2017 年 | 2016 年 | 2015 年 | 2014 年 |
| | 项目数量（个） | 395 | 412 | 378 | 381 | 377 |
| | 本行年度投资额 | 9547 | 9670 | 9390 | 9378 | 8853 |
| | 年度拉动其他投资 | 1467 | 1054 | 1693 | 2336 | 1177 |
| | 年度拉动私人投资 | 1059 | 669 | 1401 | 2138 | 1014 |
| | 年度项目总值 | 32570 | 38439 | 25470 | 30303 | 20796 |

资料来源：EBRD，"Financial Report 2018"，8 May 2019，p. 7。

如果将上述领域按金融业、能源、基础设施、其他等整合的话，如表 1 - 4 和图 1 - 1 所示，欧洲复兴开发银行总投资 1473 亿欧元，金融业（包括金融机构和权益基金）的累计投资为 571 亿欧元，占比 39%；能源行业（包括能源、核资源及核安全、交通）累计投资额为 474 亿欧元，占比 32%；基础设施（市政服务及市政基础设施和交通）累计投资额为 227 亿欧元，占比 15%；其他领域（包括农业、信息通信、房地产及旅游等）累计投资 201 亿欧元，占比 14%。

**表 1－4　欧洲复兴开发银行累计投资项目数和累计投资规模（1991～2018）**

| 部门 | 项目数(个) | 投资规模(亿欧元) | 投资规模占比(%) |
|---|---|---|---|
| 金融机构 | 2114 | 528 | 36 |
| 市政服务及市政基础设施 | 1270 | 227 | 15 |
| 交通 | 338 | 173 | 12 |
| 能源 | 360 | 163 | 11 |
| 核资源及核安全 | 228 | 138 | 9 |
| 农业 | 719 | 122 | 8 |
| 信息通信 | 202 | 46 | 3 |
| 权益基金 | 202 | 43 | 3 |
| 房地产、旅游 | 193 | 33 | 2 |
| 合计 | 5626 | 1473 | 100 |

资料来源：笔者根据欧洲复兴开发银行资料整理。

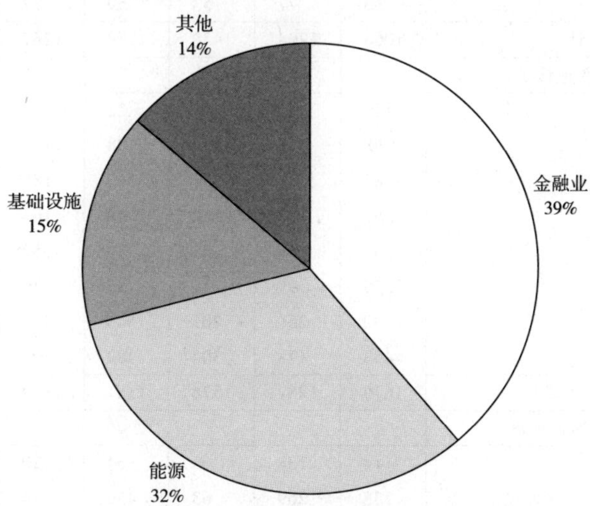


**图 1－1　欧洲复兴开发银行累计投资按行业分布状况（1991～2019）**

资料来源：笔者根据欧洲复兴开发银行资料整理。

按国家看，如表 1－5 所示，除乌克兰、俄罗斯和土耳其以外，欧洲复兴开发银行投资最多的国家分别是波兰、罗马尼亚、哈萨克斯坦。

在地中海东岸、南岸地区，埃及是EBRD投资最多的国家。2014年，欧洲复兴开发银行董事会通过文件，决定不再在俄罗斯开展新项目投资。

**表1-5 欧洲复兴开发银行年度投资按地区、经济体分布情况（2014~2018年）**

单位：百万欧元

| 中欧、波罗的海地区 | 2014年 | 2015年 | 2016年 | 2017年 | 2018年 | 累计至2018年 |
|---|---|---|---|---|---|---|
| 克罗地亚 | 298 | 198 | 311 | 124 | 171 | 3788 |
| 爱沙尼亚 | 40 | 48 | 1 | 3 | 54 | 652 |
| 匈牙利 | 6 | 79 | 127 | 118 | 124 | 3103 |
| 拉脱维亚 | 4 | 61 | 3 | 3 | 42 | 693 |
| 立陶宛 | 32 | 8 | 2 | 85 | 141 | 859 |
| 波兰 | 594 | 647 | 776 | 659 | 556 | 9431 |
| 斯洛伐克 | 62 | 87 | 165 | 108 | 101 | 2443 |
| 斯洛文尼亚 | 35 | 77 | 53 | 59 | 77 | 1056 |
| 合计 | 1068 | 1204 | 1438 | 1159 | 1267 | 13248 |
| 东南欧地区 | | | | | | |
| 阿尔巴尼亚 | 119 | 10 | 178 | 22 | 284 | 1285 |
| 波黑 | 68 | 138 | 199 | 128 | 195 | 2257 |
| 保加利亚 | 83 | 82 | 621 | 140 | 185 | 3886 |
| 北马其顿 | 252 | 158 | 19 | 49 | 164 | 1845 |
| 科索沃 | 37 | 56 | 47 | 80 | 52 | 362 |
| 黑山 | 75 | 99 | 6 | 33 | 30 | 569 |
| 罗马尼亚 | 592 | 260 | 201 | 546 | 443 | 8322 |
| 塞尔维亚 | 453 | 478 | 304 | 382 | 396 | 5065 |
| 合计 | 1679 | 1282 | 1576 | 1381 | 1749 | 23590 |
| 东欧、高加索地区 | | | | | | |
| 亚美尼亚 | 114 | 138 | 63 | 64 | 70 | 1241 |
| 阿塞拜疆 | 238 | 269 | 63 | 456 | 304 | 3231 |
| 白俄罗斯 | 242 | 53 | 124 | 163 | 360 | 2377 |
| 格鲁吉亚 | 214 | 116 | 248 | 271 | 267 | 3287 |
| 摩尔多瓦 | 105 | 98 | 86 | 131 | 23 | 1254 |
| 乌克兰 | 1210 | 997 | 581 | 740 | 543 | 13140 |
| 合计 | 2124 | 1671 | 1166 | 1825 | 1567 | 24531 |

续表

| 中亚地区 | | | | | | |
|---|---|---|---|---|---|---|
| 哈萨克斯坦 | 576 | 709 | 1051 | 586 | 472 | 7676 |
| 吉尔吉斯斯坦 | 35 | 48 | 111 | 33 | 38 | 730 |
| 蒙古国 | 117 | 467 | 152 | 149 | 96 | 1622 |
| 塔吉克斯坦 | 62 | 166 | 45 | 57 | 54 | 665 |
| 土库曼斯坦 | 12 | 12 | 9 | 29 | 11 | 272 |
| 乌兹别克斯坦 | — | — | — | 69 | 397 | 1311 |
| 合计 | 803 | 1402 | 1369 | 923 | 1067 | 12276 |
| 地中海东岸、南岸地区 | | | | | | |
| 埃及 | 593 | 780 | 744 | 1413 | 1148 | 4754 |
| 约旦 | 138 | 163 | 403 | 158 | 296 | 1326 |
| 黎巴嫩 | N/A | N/A | N/A | N/A | 244 | 238 |
| 摩洛哥 | 225 | 431 | 158 | 292 | 198 | 1759 |
| 突尼斯 | 114 | 82 | 61 | 324 | 100 | 747 |
| 合计 | 1070 | 1456 | 1367 | 2187 | 1985 | 8825 |
| 其他 | | | | | | |
| 塞浦路斯 | 108 | 33 | 64 | 41 | 64 | 364 |
| 希腊 | N/A | 320 | 485 | 614 | 846 | 2397 |
| 土耳其 | 1394 | 1904 | 1925 | 1540 | 1001 | 11055 |
| 俄罗斯 | 108 | 106 | 1 | 0 | 0 | 24347 |
| 合计 | 1610 | 2363 | 2475 | 2195 | 1911 | 38163 |

注：该表不包括在约旦河西岸和加沙地区的投资。EBRD 对该地区的投资始于 2018 年，截至 2018 年底，投资总额为 1260 万欧元；根据 2014 年发布的欧洲复兴开发银行董事会指南，该行今后将不再在俄罗斯开展新业务。

资料来源：EBRD，“Annual Report 2018”，8 May 2019，pp. 4 –5。

截至 2018 年 12 月 31 日，EBRD 的贷款风险敞口总额（包括公允价值调整但未计提拨备的营运资产）增至 246 亿欧元，比上年增加 16 亿欧元。已签订的银行贷款组合和担保总额从 2017 年的 345 亿欧元增至 2018 年的 363 亿欧元。如表 1 –6 所示，欧洲复兴开发银行 2018 年信贷风险敞口排名前三位的国家分别是土耳其、乌克兰和埃及。该排序与 2017 年完全一致。

按行业分类的话，如表 1 –7 所示，2018 年欧洲复兴开发银行信贷风险敞口最大的行业为交通业，其后依次为存款性金融机构、发电与能源行业。而在 2017 年，该行在交通行业的信贷额仅仅排在第 7 位。

EBRD 投资组合的平均信贷状况在 2018 年略有恶化。其中，加权平均违约率（WAPD）评级从 2017 年的 5.67 升至 5.74。这在很大程度上反映了 EBRD 所投资经济体的经济和政治环境出现了轻微恶化。其中，土耳其的主权评级下调降幅尤其较大。

在不良贷款方面，2018 年 EBRD 全年不良贷款增加 12 亿欧元，占运营资产的 4.7%；其中，不良重组贷款为 40 笔，约 5.26 亿欧元，占 2018 年底运营资产的 2.1%。2017 年的不良贷款额为 9 亿欧元，占运营资产的 3.9%；其中，不良重组贷款资金 7.27 亿欧元，占总运营资产的 3.1%。2018 年净冲销额为 1.07 亿欧元，2017 年为 1.35 亿欧元。2018 年，EBRD 特别准备金有所增加。这表明该行所投经济体（尤其是土耳其）的宏观金融环境正在恶化。[①]

**表 1 -6　欧洲复兴开发银行 2017 ~ 2018 年信贷风险敞口分布情况（按国家）**

单位：百万欧元

| 国家 | 2018 | | | 2017 | | |
|---|---|---|---|---|---|---|
| | 贷款额 | 未提取的贷款承诺与担保额 | 总额 | 贷款额 | 未提取的贷款承诺与担保额 | 总额 |
| 阿尔巴尼亚 | 401 | 231 | 632 | 134 | 278 | 412 |
| 亚美尼亚 | 163 | 73 | 236 | 154 | 54 | 208 |
| 阿塞拜疆 | 998 | 388 | 1386 | 671 | 478 | 1149 |
| 白俄罗斯 | 404 | 236 | 640 | 346 | 108 | 454 |
| 波黑 | 537 | 493 | 1030 | 542 | 474 | 1016 |
| 保加利亚 | 823 | 135 | 958 | 772 | 123 | 895 |
| 克罗地亚 | 653 | 171 | 824 | 727 | 164 | 891 |
| 塞浦路斯 | 15 | 66 | 81 | 14 | 50 | 64 |
| 捷克 | 2 | — | 2 | 3 | — | 3 |

① EBRD, "Financial Report 2018", 8 May 2019, pp. 32 - 33.

续表

| 国家 | 2018 | | | 2017 | | |
|---|---|---|---|---|---|---|
| | 贷款额 | 未提取的贷款承诺与担保额 | 总额 | 贷款额 | 未提取的贷款承诺与担保额 | 总额 |
| 埃及 | 1415 | 1911 | 3326 | 845 | 1611 | 2456 |
| 爱沙尼亚 | 85 | — | 85 | 65 | — | 65 |
| 北马其顿 | 260 | 511 | 711 | 236 | 455 | 691 |
| 格鲁吉亚 | 683 | 130 | 813 | 619 | 79 | 698 |
| 希腊 | 993 | 377 | 1370 | 697 | 182 | 879 |
| 匈牙利 | 385 | — | 385 | 341 | 39 | 380 |
| 约旦 | 654 | 302 | 956 | 443 | 284 | 727 |
| 哈萨克斯坦 | 1509 | 735 | 2244 | 1601 | 811 | 2412 |
| 科索沃 | 82 | 177 | 259 | 52 | 167 | 219 |
| 吉尔吉斯斯坦 | 103 | 78 | 181 | 135 | 116 | 251 |
| 拉脱维亚 | 88 | 2 | 90 | 92 | 2 | 94 |
| 黎巴嫩 | 130 | 60 | 190 | — | — | — |
| 立陶宛 | 142 | 23 | 165 | 76 | 43 | 119 |
| 摩尔多瓦 | 134 | 365 | 499 | 125 | 442 | 567 |
| 蒙古国 | 702 | 47 | 749 | 699 | 80 | 779 |
| 黑山 | 243 | 97 | 340 | 227 | 120 | 347 |
| 摩洛哥 | 438 | 453 | 891 | 402 | 439 | 841 |
| 波兰 | 1723 | 282 | 2005 | 1768 | 287 | 2055 |
| 罗马尼亚 | 1179 | 272 | 1451 | 1101 | 273 | 1374 |
| 俄罗斯 | 537 | 25 | 562 | 1081 | 44 | 1125 |
| 塞尔维亚 | 1399 | 531 | 1930 | 1252 | 750 | 2002 |
| 斯洛伐克 | 305 | 114 | 419 | 220 | 142 | 362 |
| 斯洛文尼亚 | 148 | 23 | 171 | 168 | 41 | 209 |
| 塔吉克斯坦 | 137 | 241 | 378 | 110 | 219 | 329 |
| 突尼斯 | 313 | 221 | 534 | 241 | 241 | 482 |
| 土耳其 | 4970 | 863 | 5833 | 5070 | 1072 | 6142 |
| 土库曼斯坦 | 29 | 14 | 43 | 39 | 11 | 50 |
| 乌克兰 | 1726 | 1673 | 3399 | 1925 | 1744 | 3669 |
| 乌兹别克斯坦 | 102 | 370 | 472 | 9 | 64 | 73 |
| 合计 | 24610 | 11690 | 36300 | 23002 | 11487 | 34489 |

资料来源：EBRD，“Financial Report 2018”，8 May 2019，pp. 32 - 33。

**表 1－7　欧洲复兴开发银行 2017～2018 年信贷风险敞口分布情况（按行业）**

单位：百万欧元

| 行业 | 2018 | | | 2017 | | |
|---|---|---|---|---|---|---|
| | 贷款 | 提取贷款承诺和担保 | 小计（2018） | 贷款 | 提取贷款承诺和担保 | 小计（2017） |
| 农业 | 2018 | 293 | 2311 | 1909 | 496 | 2405 |
| 存款信用社（银行） | 5227 | 1195 | 6532 | 4687 | 1230 | 5917 |
| 信息通信 | 546 | 20 | 566 | 611 | 6 | 617 |
| 保险/养老金/基金 | 74 | 2 | 76 | 101 | 1 | 102 |
| 租赁金融 | 617 | 31 | 648 | 540 | 74 | 614 |
| 制造、服务业 | 2425 | 448 | 2873 | 2226 | 412 | 2638 |
| 市政服务及市政基础设施 | 1964 | 2770 | 4734 | 1651 | 1105 | 2756 |
| 自然资源 | 2690 | 1111 | 3801 | 1902 | 499 | 2401 |
| 非存款性金融机构 | 553 | 114 | 667 | 172 | 50 | 222 |
| 发电、能源 | 4211 | 2084 | 6295 | 2910 | 1067 | 3977 |
| 房地产、旅游 | 535 | 32 | 567 | 436 | 52 | 488 |
| 交通 | 3640 | 3590 | 7230 | 1755 | 310 | 2065 |
| 非主权类投资 | 20233 | 4985 | 25218 | 18900 | 5302 | 24202 |
| 主权类投资 | 4377 | 6705 | 11082 | 4102 | 6185 | 10287 |
| 合计 | 24610 | 11690 | 36300 | 23002 | 11487 | 34489 |

资料来源：EBRD，"Financial Report 2018"，8 May 2019，p. 37。

截至 2018 年 12 月底，欧洲复兴开发银行资产规模为 618 亿欧元。[①] 详情参见该行 2018 年资产负债表（见附录表 1）。

## 七　内部评估

为促进 EBRD 的合法性、相关性和业务绩效，该行在内部设立"独立评价部"。

① EBRD，"Financial Report 2018"，8 May 2019，pp. 15－16.

设立该部门的目的是评价 EBRD 已完成项目和方案的绩效，系统分析项目的执行结果是否与 EBRD 政策中的所定目标相关。具体包括：

· 通过对有关指标的产出和成果进行客观、有根据的绩效评估，提供一种关键的问责方法。以及；

· 通过提供有用的调查结果，协助业界掌握未来的运作。

# 第二章

# 欧洲复兴开发银行的资本结构与主要产品

由于成立的特殊性，欧洲复兴开发银行拥有独特的股本结构。作为多边性金融机构，该行遵循健全的金融及投资原则，积极从全球资本市场募集资金。在欧洲一体化进程中，欧洲投资银行（European Investment Bank，简称 EIB）、欧洲复兴开发银行在推动欧洲经济一体化、缩小欧盟内部发展水平的差距方面均发挥了重要作用。但两者之间存在较大的差异。因此，本章在聚焦欧洲复兴开发银行的资本结构与产品种类的同时，将从历史沿革、法律地位、组织宗旨、治理结构、主要职能和资金来源等六个方面对 EBRD 和 EIB 进行比较分析。

## 一　资本结构

欧洲复兴开发银行成立于 1991 年。建立欧洲复兴开发银行的设想是法国总统密特朗于 1989 年 10 月首先提出的。该设想得到了欧洲共同体（后改为“欧洲联盟”）各国和其他一些国家的积极响应。1991 年，该行拥有 100 亿欧洲货币单位（约合 120 亿美元）的资本。欧盟委员会（以下简称“欧委会”）、欧洲投资银行和 39 个国家在银行中拥有股权。最大股权拥有者是美国，占成立总资本的 10%，其次是法国、德国、意大利、日本和英国各占 8.5%。东欧国家总共拥有股份 11.9%。截至 2018 年底，该行现有股本资本总额 300 亿欧元，认购资本 297 亿欧元，实缴资本 62 亿欧元。[①] 股本资本是 69 个股东认

① EBRD，“EBRD Financial Report 2018”，8 May 2019，p. 6.

缴的股本金（参见表 2－1），其中包括 67 个国家成员和 2 个机构成员，即欧盟和欧洲投资银行。[①]

如今，欧洲复兴开发银行共有 69 个股东，包括 67 个国家/地区以及欧盟、欧洲投资银行 2 个机构组织股东。[②] 股东的认缴股本金成为该行的核心资本。[③]

由每个股东派出一名代表组成的欧洲复兴开发银行理事会（Board of Governors）是该行的最高权力机构。理事会将大部分权力授予董事会（Board of Directors）执行。不过，理事会仍独享多项权力，诸如确定 BERD 成员资格、资本认购额、确定董事会成员、EBRD 行长人选以及该行金融状况、储备金、利润分配等方面的决策。[④]

**表 2－1　欧洲复兴开发银行股东一览（截至 2018 年 12 月 31 日）**

| 成员国 | 加入时间 | 认购资本(千欧元) |
|---|---|---|
| 阿尔巴尼亚 | 1991 年 12 月 18 日 | 30010 |
| 亚美尼亚 | 1992 年 12 月 7 日 | 14990 |
| 澳大利亚 | 1991 年 3 月 30 日 | 300140 |
| 奥地利 | 1991 年 3 月 28 日 | 684320 |
| 阿塞拜疆 | 1992 年 9 月 25 日 | 30010 |
| 白俄罗斯 | 1992 年 6 月 10 日 | 60020 |
| 比利时 | 1991 年 4 月 10 日 | 684320 |
| 波斯尼亚和黑塞哥维那 | 1996 年 6 月 17 日 | 50710 |
| 保加利亚 | 1991 年 3 月 28 日 | 237110 |
| 加拿大 | 1991 年 3 月 28 日 | 1020490 |
| 中国 | 2016 年 1 月 15 日 | 29000 |
| 克罗地亚 | 1993 年 4 月 15 日 | 109420 |

① EBRD, "EBRD Financial Report 2018", 8 May 2019, p. 6.

② EBRD, "EBRD Shareholders and Board of Governors", https://www.ebrd.com/shareholders-and-board-of-governors.html, 访问时间：2020 年 2 月 20 日。

③ EBRD, "Directors of the EBRD", http://www.ebrd.com/directors-of-the-ebrd.html, 访问时间：2020 年 2 月 20 日。

④ EBRD, "Directors of the EBRD", http://www.ebrd.com/directors-of-the-ebrd.html, 访问时间：2020 年 2 月 20 日。

续表

| 成员国 | 加入时间 | 认购资本(千欧元) |
|---|---|---|
| 塞浦路斯 | 1991 年 3 月 28 日 | 30010 |
| 捷克 | 1993 年 1 月 1 日 | 256110 |
| 丹麦 | 1991 年 3 月 28 日 | 360170 |
| 埃及 | 1991 年 3 月 28 日 | 21010 |
| 爱沙尼亚 | 1992 年 2 月 28 日 | 30010 |
| 欧洲投资银行 | 1991 年 3 月 28 日 | 900440 |
| 欧洲联盟 | 1991 年 3 月 28 日 | 900440 |
| 芬兰 | 1991 年 3 月 28 日 | 375180 |
| 北马其顿共和国 | 1993 年 4 月 21 日 | 17620 |
| 法国 | 1990 年 3 月 28 日 | 2556510 |
| 格鲁吉亚 | 1992 年 9 月 4 日 | 30010 |
| 德国 | 1991 年 3 月 28 日 | 2556510 |
| 希腊 | 1991 年 3 月 28 日 | 195080 |
| 匈牙利 | 1991 年 3 月 28 日 | 237110 |
| 冰岛 | 1991 年 3 月 28 日 | 30010 |
| 爱尔兰 | 1991 年 3 月 28 日 | 90040 |
| 以色列 | 1991 年 3 月 28 日 | 195080 |
| 意大利 | 1991 年 3 月 28 日 | 2556510 |
| 日本 | 1991 年 4 月 2 日 | 2556510 |
| 约旦 | 2011 年 12 月 28 日 | 9860 |
| 哈萨克斯坦 | 1992 年 7 月 27 日 | 69020 |
| 韩国 | 1991 年 3 月 28 日 | 300140 |
| 科索沃 | 2012 年 12 月 17 日 | 5800 |
| 吉尔吉斯斯坦 | 1992 年 6 月 5 日 | 21010 |
| 拉脱维亚 | 1992 年 3 月 18 日 | 30010 |
| 列支敦士登 | 1991 年 3 月 29 日 | 5990 |
| 立陶宛 | 1992 年 3 月 5 日 | 30010 |
| 卢森堡 | 1991 年 3 月 28 日 | 60020 |
| 马耳他 | 1991 年 3 月 28 日 | 2100 |
| 墨西哥 | 1991 年 3 月 28 日 | 45010 |
| 摩尔多瓦 | 1992 年 5 月 9 日 | 30010 |
| 蒙古国 | 2000 年 10 月 9 日 | 2990 |
| 黑山 | 2006 年 6 月 3 日 | 4200 |

续表

| 成员国 | 加入时间 | 认购资本(千欧元) |
|---|---|---|
| 摩洛哥 | 1991 年 3 月 28 日 | 14780 |
| 荷兰 | 1991 年 3 月 28 日 | 744350 |
| 新西兰 | 1991 年 8 月 19 日 | 10500 |
| 挪威 | 1991 年 3 月 28 日 | 375180 |
| 波兰 | 1991 年 3 月 28 日 | 384180 |
| 葡萄牙 | 1991 年 4 月 5 日 | 126050 |
| 罗马尼亚 | 1991 年 3 月 28 日 | 144070 |
| 俄罗斯 | 1992 年 4 月 9 日 | 1200580 |
| 塞尔维亚 | 2001 年 1 月 19 日 | 140310 |
| 斯洛伐克 | 1993 年 1 月 1 日 | 128070 |
| 斯洛文尼亚 | 1992 年 12 月 23 日 | 62950 |
| 西班牙 | 1991 年 3 月 28 日 | 1020490 |
| 瑞典 | 1991 年 3 月 28 日 | 684320 |
| 瑞士 | 1991 年 3 月 29 日 | 684320 |
| 塔吉克斯坦 | 1992 年 10 月 16 日 | 21010 |
| 突尼斯 | 2011 年 12 月 28 日 | 9860 |
| 土耳其 | 1991 年 3 月 28 日 | 345150 |
| 土库曼斯坦 | 1992 年 6 月 1 日 | 2100 |
| 乌克兰 | 1992 年 4 月 13 日 | 240110 |
| 英国 | 1991 年 3 月 28 日 | 2556510 |
| 美国 | 1991 年 3 月 28 日 | 3001480 |
| 乌兹别克斯坦 | 1992 年 4 月 30 日 | 44120 |

资料来源：EBRD，“Directors of the EBRD”，http://www.ebrd.com/directors-of-the-ebrd.html，访问时间：2020 年 2 月 20 日。

截至 2018 年 12 月 31 日，在欧洲复兴开发银行总资产中，成员国股本资本占比 26.4%，比 2017 年略有下降。风险评级标准为 AA 和 AA-的国库券资产规模与上年基本持平，到期平均期限为 1.6 年，2017 年为 1.4 年。2018 年，在有风险敞口的银行资产中，成员国股本金占比为 57.6%，比 2017 年的 60.0% 略有下降。EBRD 所持美国国库券资产略有增长，外汇储备增幅较小。由于收入分配和其他综合收入方面出现的变化，EBRD 银行准备金增加 1 亿欧元，至 101 亿欧元。2018 年，欧洲复兴开发银行前景稳定，被三大评级机构再次确认为 AAA 级金融机构。①

## 二 产品种类

欧洲复兴开发银行针对不同业务运用不同的金融产品，主要包括贷款（loans）、股权投资（equity investments）、保单承兑（guarantees）等。根据章程，该行规定，贷款总额中的 60% 必须用于国营企业的私有化。自 2014 年起，在执行的欧盟项目中，遵照《2014～2020 年财政预算一揽子方案》的规定，EBRD 总体预算投资中的 1/5 必须用于与气候变化相关的活动。2016 年，欧盟在《欧洲战略投资基金》指令中规定，在 3150 亿欧元的资金规模中与气候变化相关的投资应不低于 30%。作为多边性金融机构，欧洲复兴开发银行必须在投资活动中严格遵照欧盟的相关规定，以满足《创建协议》对该行政治原则和经济原则的要求。

欧洲复兴开发银行的所有运营遵循健全的金融及投资原则，积极从全球资本市场进行募资。虽然，持续低迷的经济和市场波动使 EBRD 业务运营国的经济发展受到影响，在充满挑战的金融环境中，EBRD 仍获得各主要信用评估机构的 AAA 级信用评级。自 1991 年设立至 2019 年底，EBRD 共投资逾 5600 个项目，规模超 1400 亿欧元。② 其中，欧洲复兴开发银行投资金融机构项目 2114 个，规模为 528 亿欧元，在投资行业位居第一；

① EBRD, "Financial Report 2018", 8 May 2019, p. 7.

② EBRD, "History of the EBRD", https://www.ebrd.com/cs/Satellite?c=Content&cid=1395236789737&pagename=EBRD%2FContent%2FContentLayout，访问时间：2020 年 2 月 20 日。

在项目数量和投资规模均列居第二的行业是市政及市政基础设施，项目1270个，投资规模227亿欧元；交通领域项目338个，达173亿欧元；能源领域项目360个，达163亿欧元；核资源及核安全项目228个，达138亿欧元；农业项目719个，达122亿欧元；其他领域如信息通信、权益基金、房地产和旅游业的投资项目均在200个左右，投资规模分别为46亿、43亿和33亿欧元。①

整体而言，如表2-2所示，1991~2019年，从行业分布看，欧洲复兴开发银行对金融行业的投资最多，占总投资规模的36%；其次是市政及市政基础设施行业，为15%。如果将能源与核资源及核安全相加的话，投资占比达到20%。交通、农业行业的投资占比分别为12%、8%。

**表2-2 欧洲复兴开发银行投资行业分布情况（截至2019年12月31日）**

单位：亿欧元

| 部门 | 项目数(个) | 投资规模(亿欧元) | 投资规模占比 |
|---|---|---|---|
| 金融机构 | 2114 | 528 | 36% |
| 市政服务及市政基础设施 | 1270 | 227 | 15% |
| 交通 | 338 | 173 | 12% |
| 能源 | 360 | 163 | 11% |
| 核资源及核安全 | 228 | 138 | 9% |
| 农业 | 719 | 122 | 8% |
| 信息通信 | 202 | 46 | 3% |
| 权益基金 | 202 | 43 | 3% |
| 房地产、旅游 | 193 | 33 | 2% |
| 合计 | 5626 | 1473 | 100% |

注：EBRD投资核资源项目183个，达77亿欧元；核安全领域项目数45个，达61亿欧元；市政服务项目779个，达138亿欧元；投资市政基础设施项目491个，达89亿欧元。

资料来源：笔者根据欧洲复兴开发银行数据整理。

① EBRD，"Sectors and Topics"，https：//www. ebrd. com/what - we - do/sectors - and - topics. html，访问时间：2020年2月20日。

2018年，该行共投资395个项目，达95亿欧元规模，与2017年基本持平。其中，对私营部门的投资占投资总额的73%。用于绿色转型的投资项目有35个，资金规模约33亿欧元。①

欧洲复兴开发银行的特点是在公、私部门间的混合型投融资运作。EBRD结合商业银行和政策性开发银行的原则与实务，对私营企业以及私有企业所需的基础建设项目等提供资金。EBRD可根据特定需求，韧性地设计各种融资工具，包括贷款、股本投资及担保。

在不同的融资条件下，EBRD通过共同融资方式，与国际性金融机构以及公、私金融机构展开合作。

## （一）贷款

欧洲复兴开发银行的贷款基本条件是：贷款期限2~10年，贷款利率按照伦敦市场的利率计算，根据项目的风险程度和抵押条件上浮2~5个百分点。EBRD累计贷款回收率达99.5%，其中，逾期30天以上的贷款仅占0.63%，是国际上进行中小企业贷款比较成功的银行之一。

EBRD根据业务运营国在不同阶段的需求，协助其进行结构性经济改革，通过政策对话、技术支持等协助进行金融、司法系统改革，发展基础设施建设，振兴中小企业，提升竞争力，提高私有化程度。

为促进变革，EBRD鼓励公私部门共同融资，鼓励外国直接投资，从多种渠道筹集资金，为运营国提供项目所需的资金和技术合作。EBRD与国际金融机构以及其他国际或国家组织密切合作，并提倡合乎环保的可持续发展。目前，比较典型的区域性国际金融机构主要有欧洲复兴开发银行、欧洲投资银行、国际清算银行、亚洲开发银行、亚洲基础设施投资银行（简称“亚投行”，AIIB）、泛美开发银行、非洲开发银行以及加勒比开发银行等。

从欧洲复兴开发银行以往的操作经验看，确保业务推广成功需多种因

① EBRD, “Annul Review 2018”, 8 May 2019, pp. 6 -7.

素的支持。首先，负责小企业贷款的信贷人员必须经过严格、专业的培训。信贷员一般要经过9～12个月的培训，并经考试合格后，才可执证上岗；其次，选择好的合作银行即转贷银行。符合条件的合作银行需具有一套严格的管理制度、激励制度，实行扁平化的决策机制，小企业有良好记录后需两个人签字才能放款；最后，运营国要有一个良好的营商环境，政府对市场的干涉程度应尽可能低。

## （二）债券

欧洲复兴开发银行通过在资本市场发行债券，获得所需资金。欧洲复兴开发银行是资本市场上成熟的债务发行机构。多年来，该行不断开发创新产品，并建立了广泛的投资群体。良好的发债记录使欧洲复兴开发银行能够在任何时候进入市场，获得支持该行发展目标所需的融资规模。

截至2016年12月31日，EBRD以40种货币发行债券规模达780亿欧元。其中，约264亿欧元属未偿债务。在296次私募活动中，筹集资金规模达107亿欧元。EBRD发行的公债大多颇具代表性，其所发行的债券平均偿付周期为6.7年，未偿债务的剩余平均周期约为2.8年。[①] 2016年，EBRD以8种货币为计价单位，发行债券规模相当于5.09亿欧元。[②]

## （三）可持续性融资

（1）可持续性融资的概念

欧盟认为，可持续性发展是欧洲未来发展的模式，而金融是实现经济繁荣、社会包容和环境再生等宏伟目标的重要杠杆。[③] 1951年，欧洲联合

① EBRD, "EBRD Bond Issued", https://www.ebrd.com/bonds-issued.html，访问时间：2020年2月20日。

② EBRD, "EBRD Annul Report 2016", p. 34.

③ European Commission, "EU High-level Expert Group on Sustainable Finance Interim Report: Financing a Sustainable European Economy", Brussels, July 2017.

迈出第一步，成立欧洲煤钢共同体。建立煤钢联营的初衷是确保欧洲成员国的经济平稳过渡，从煤炭经济过渡到当时更为现代的燃料——石油。如今，《巴黎（气候）协定》（Paris Agreement）和《2030 年议程》及其 17 项可持续发展目标为欧洲的下一次转型奠定了基础。欧盟有机会成为全球可持续金融的捍卫者。在欧洲层面，它已采取行动，为绿色经济转型提供大规模的可持续性融资（sustainable financing）。

对金融体系而言，可持续性具有双重必要性。首先，确保环境、社会和治理因素是金融决策的核心。其次，拉动资本，帮助解决需要长期融资的社会性挑战。创造就业，尤其是为青年人创造就业，改善教育和退休制度，解决不平等问题，加速向低碳和资源高效配置的经济体制转变。一个可持续的欧洲经济不仅必须以更好地保护自然资源为特征，还必须以更高的就业水平和更强的金融与经济稳定性为特征。

向可持续转型的行动已经开始。欧盟的金融行业拥有超过 100 万亿欧元的资产，是欧盟各国年度 GDP 总和的 6 倍多。金融业为欧洲的家庭、公司和政府提供服务，保护储蓄和投资，保护人民和财产免受风险。尽管欧盟已经采取了积极的措施，但这些措施显然是不够的。例如，为实现 2030 年温室气体减排目标，欧盟每年的投资资金缺口达近 1800 亿欧元，更不用说实现可持续发展的其他优先事项。①

在金融危机和主权债务危机之后，可持续金融可能为欧盟提供最佳机会，使其金融体系从短期稳定转向长期可持续性发展。事实上，金融体系的可持续性和稳定性可以被视为两个相互关联的目标。欧洲决策者认识到，现在需要的不仅仅是暂时稳定，有助于应对欧洲关键战略挑战的金融体系：就业、教育、技术、退休基金、基础设施——所有这些现在都具有可持续性的维度。

危机过后，为了加强金融体系，人们做了许多工作，但金融体系仍然

① European Commission, "Impact Assessment of the Proposal of the Energy Efficiency Directive", 2016, http://eur - lex. europa. eu/legalcontent/EN/TXT/? qid = 1483696687107&uri = CELEX: 52016SC0405，访问时间：2018 年 11 月 5 日。

没有发挥其应有的有效作用。可持续性需要一个长期的视角——既要为关键的基础设施提供长期资金，又要应对长期的威胁。如果金融体系能够应对与气候变化相关的长期而紧迫的风险和机遇，它就能建立一套应对其他长期、可持续性挑战的方法和思路。

因此，将气候风险纳入金融决策是金融体系通向可持续发展的试金石，也是欧盟金融稳定委员会（Financial Stability Board）气候相关金融信息披露特别工作组（Task Force on Climate-related Financial）强调的重点。最终，这种变化将增强欧洲金融业的韧性、实力和稳定性。

（2）可持续融资方法

据世界经济论坛（WEF）估计，2018～2030 年，全球实现可持续发展目标所需的投资规模预计将超过 100 万亿美元，即每年 8 万亿美元的资金需求量。[①] 据国际金融公司（International Financial Cooperation）研究报告估算，仅在 21 个新兴市场进行可持续投资，包括绿色抵押贷款、电动汽车贷款、绿色技术企业贷款、可持续大规模运输、电力存储技术、可持续农业和清洁能源等领域，到 2030 年就需要 23 万亿美元的资金规模。[②]

作为欧盟最大的资产池，银行业发挥着关键的作用。但欧洲银行业在可持续发展方面的投资总体水平尚不清楚。银行业仍然是欧洲家庭和中小企业（SMEs）的主要外部融资来源。同时，也是大约 80% 的绿色基础设施的融资来源。欧盟银行业的商业模式多种多样，包括上市银行、股份制银行、利益相关者银行和少数几家可持续发展的银行。标记、跟踪绿色项目投、融资活动是各类银行要做的“功课”。同样，欧盟迫切需要摆脱损害大自然、生态环境的“老式”贷款模式。

欧洲的机构投资者在可持续金融领域越来越活跃。作为一个团体，他们占全球“负责任投资原则”（PRI）成员的近一半。但是，尽管欧洲一

① World Economic Forum, “The Money Is There to Fight Climate Change”, 2017, https://www.weforum.org/agenda/2017/09/the-money-is-there-to-fight-climate-change/, 访问时间：2018 年 11 月 5 日。

② P. Stein, T. Kludovacz, and G. Rooprai, “Input Paper on Emerging Markets: Sustainable Banking and Capital”, International Finance Corporation Working Paper, 2018.

直在引领“去碳化”投资，他们的股票投资组合对碳强度密集型行业的资产敞口仍然很大，占总资产的45%～47%。事实上，正如20国集团绿色金融综合报告所指出的，“全球机构投资者所持有的绿色基础设施资产不到总资产的1%”。①

欧盟是绿色债券发行的先驱者之一，尽管其在全球的份额在过去几年中有所下降。2014年，欧盟占全球绿色债券发行总量的45%以上。自那以后，其他地区——尤其是中国——的绿色债券发行量显著增加，使欧盟在2016年的债券发行量降至30%左右（气候债券倡议）。然而，欧盟离其市场潜力还有很长的路要走。据估计，2020～2030年，欧盟每年将发行746亿美元规模的绿色债券。相比之下，到2016年年中，欧盟绿色债券每年发行规模约为200亿美元。

欧盟的公开股票市场在信息披露方面取得进展。为拥有绿色收入的公司筹集资金是下一个重点。据骑士公司（Corporate Knights）数据统计，欧盟的证券交易所是全球可持续发展信息披露的领导者之一，2016年全球前10大交易所中有7家在欧盟。欧盟公司在“社会与治理”（ESG）因素方面的信息披露也做得相对较好，尤其是在环境方面。

（3）绿色债券

作为一种新型金融工具，绿色债券正在国际债券市场迅速发展。绿色债券是募集资金投向符合规定条件的绿色产业项目的一种债券产品。作为绿色金融的重要组成部分，绿色债券以其绿色环保、期限长、融资成本低等显著特点而受到国际资本市场的青睐。

绿色债券发行主体多元。欧洲投资银行在全球绿色债券发行主体中占据领先地位，世界银行在绿色债券市场上同样扮演着重要角色，在两者的示范带动作用下，绿色债券投资者由最初的国际性政策金融机构，扩展到现今的包括商业银行、企业、政府、开发性金融机构、基金、券商等在内的多市场主体。

绿色债券发行规模增长较快。全球绿色债券从2013年起进入快速的

① G20 Green Finance Study Group, “G20 Green Finance Synthesis Report”, July 2018.

发展阶段。2013～2015年，全球绿色债券发行规模分别为110.42亿美元、365.93亿美元、418亿美元，同比分别增长476.4%、141%、140%；2016年发行量达到810亿美元，占近十年来绿色债券累计发行量的44%；2017年，绿色债券发行规模比2016年增长了78%，达到1555亿美元。

绿色债券的发行种类多样。从绿色债券募集资金的投向来看，可持续性交通行业和可再生能源行业率先发展壮大，与水处理、生物多样性保护、太阳能租赁等相关的绿色债券获得资金占比近几年也呈缓慢上升态势。债券的类型从普通债券到资产抵押型债券，AAA级债券发行量占比超过43%，平均期限在5～10年，计息方式从固定利率到浮动利率，再到二者相结合。

欧洲绿色债券采用“自下而上”的实施标准。由于气候变暖和环境恶化，国际资本投资市场协会（ICMA）与国际金融机构决定联合推出“绿色债券原则”（Green Bond Principle，简称GBP），规范绿色债券的发行和使用。结合GBP，气候债券倡议组织（CBI）开发气候债券标准（Climate Bond Standard，简称CBS），对低碳领域的项目标准进行了细化，并补充了第三方认证等指导方针。GBP和CBS交叉援引、互为补充，构成了欧洲绿色债券市场执行标准的坚实基础。例如，2018年1月，意大利公司发行的绿色债券规模接近60亿美元。其中78%来自私营部门，12%来自公共部门，其余10%来自金融机构。2014～2018年，西班牙全球能源供应商伊维尔德罗拉（Iberdrola）为其零排放项目融资，其在资本市场发行绿色债券的规模达81.5亿欧元。在法国，政府大力推行绿色债券市场的发展，发行主权绿色债券规模达97亿欧元。法国公用事业公司是全球最大的绿色债券发行者之一。法国铁路公司（SNCF Reseau）、法国电力公司（EDF）和法国燃气集团（Engie）已发行了数十亿欧元的绿色债券。[①]

---

① G20，“G20 Argentina 2018：Synthesis Report by Sustainable Finance Study Group”，July 2018，p. 14.

欧洲复兴开发银行关注绿色债券。2018 年 12 月，在波兰卡托维兹举行的联合国气候变化大会上，欧洲复兴开发银行宣布，该行将在未来三年内通过发行绿色债券，向私营部门投资 100 亿欧元，以支持向可再生能源转型。其实，早在同年 9 月，EBRD 已计划在符合绿色标准和透明度要求的地区发行规模为 25 亿欧元绿色债券。

绿色债券已被 EBRD 视为可再生能源项目和其他与可持续项目有效的融资方式。据 EBRD 估算，2017 年，全球发行的绿色债券规模已达 1550 亿美元左右。EBRD 希望将绿色债券发行业务向新兴市场扩展。欧洲复兴开发银行能源战略报告称，2017 年，EBRD 占全球绿色债券发行量的份额为 2%。2018 年 4 月，EBRD 与国际金融公司（IFC）、欧洲投资银行（EIB）共同以美元为计价单位，面向新兴市场国家发行了规模为 6850 万的绿色债券——“新兴绿色 1 号”（Emerging Green One），支持这些国家的气候变化和环境项目。① 2019 年 1 月，EBRD 首次面向欧洲市场发行规模为 6 亿欧元、5 年期绿色债券。②

## 三　比较欧洲复兴开发银行与欧洲投资银行

在欧洲一体化进程中，欧洲投资银行、欧洲复兴开发银行在推动欧洲经济一体化、缩小欧盟内部发展水平的差距方面均发挥了重要作用，但两者之间毕竟存在较大的差异。因此，有必要在此对两者从历史沿革、法律地位、组织宗旨、治理结构、主要职能和资金来源等六个方面进行比较分析。

### （一）历史沿革

根据《罗马条约》，欧洲投资银行成立于 1958 年 1 月，总行设在卢

① EBRD, “EBRD Annul Review 2018”, 8 May 2019, p. 13.

② “EBRD Issues € 600m Green Bond”, *Energy Live News*, 4 January 2019, https://www.energylivenews.com/2019/01/04/ebrd-issues-e600m-green-bond/，访问时间：2020 年 2 月 20 日。

森堡。它是欧盟具有官方性质的政策性、长期性金融贷款机构。EIB 成立的宗旨在于，利用国际资本市场和欧盟内部资金，促进联盟的均衡、稳定发展。相比之下，欧洲复兴开发银行的成立时间较晚。如前所述，在苏联解体和东欧剧变、大量中东欧国家纷纷摆脱旧模式的背景下，在时任法国总统密特朗的提议下，根据《欧洲共同体关于创建欧洲复兴开发银行的协议》，欧洲复兴开发银行于 1991 年 5 月成立。

不同于一般的开发性银行，欧洲复兴开发银行是世界上唯一的一家聚焦于国家转型的银行。不同于 EIB 的官方性质，EBRD 不是欧盟机构，是一家具有商业化银行运作的多边性开发银行（multilateral development bank）。欧洲投资银行是欧洲复兴开发银行的创建股东之一。该行在 EBRD 总股东资本中占比 3%，与欧盟的持股比例持平。[①] 如表 2－3 所示，欧洲投资银行与欧洲复兴开发银行在历史沿革、法律地位、目标、治理结构、职能和资金来源等方面存在较大的差异性。

**表 2－3　欧洲复兴开发银行和欧洲投资银行比较**

| | EBRD | EIB |
|---|---|---|
| 历史沿革 | 为中东欧国家采取多党民主制度和市场经济体制转型而成立 | 为欧盟的平衡稳定发展而成立 |
| 法律地位 | － 具有法人地位的国际组织<br>－ 属于政府间合作组织<br>－ 成员为 67 个国家以及 EU、EIB | － 具有法人地位的国际组织<br>－ 属于政府间合作组织<br>－ 成员是 28 个欧盟成员国 |
| 目标 | － 加强民主、尊重人权和保护环境<br>－ 帮助欧盟伙伴国向市场经济过渡（包括中东欧、东南欧、中亚，地中海东、南岸国家等 37 个国家和地区） | － 促进欧洲一体化<br>－ 促进欧盟的均衡发展 |
| 治理结构 | － 理事会<br>－ 董事会 | － 理事会<br>－ 董事会<br>－ 管理委员会 |

① EBRD，“The European Investment Bank：EBRD Shareholder Profile”，https：//www.ebrd.com/shareholders－and－board－of－governors/european－investment－bank.html，访问时间：2020 年 2 月 20 日。

续表

| | EBRD | EIB |
|---|---|---|
| 主要职能 | – 扶持中小微企业的发展<br>– 提供政策对话、技术援助和人员培训<br>– 协助运营国政府实施私有化改革计划 | – 促进欧盟内部平衡发展<br>– 支持成员国重点产业发展<br>– 促进成员国国有企业现代化发展 |
| 资金来源 | – 在国际金融市场发行债券<br>– 成员国认缴的股本金 | – 国际金融市场发行债券<br>– 成员国认缴的股本金 |

资料来源：转自谢世清《ECB、EIB 和 EBRD 之比较研究》，《金融与经济》2016 年第 6 期，第 33～36 页。

到 20 世纪末，欧洲投资银行的主要贷款对象从发展初期的欧盟成员国不发达地区私人企业逐步扩大到与欧盟有较密切联系的非欧盟国家的私人企业。进入 21 世纪，EIB 的政策重点转向创新、小商业、基础设施、气候与环境等四个方面，所涉及的项目也已超越了欧洲范围，在援助非洲国家上发挥着越来越重要的作用。2015 年容克领导的欧盟委员会上台后，欧洲投资银行为容克主张的“欧洲投资计划”提供了坚强的融资后盾。截至 2019 年底，欧洲投资银行已成为世界上最大的多边性金融机构，也是规模最大的气候融资提供者。①

成立于 20 世纪末的欧洲复兴开发银行则主要关注中东欧经济体向市场经济转轨。其业务集中在帮助这些国家实现价格自由化，为私有财产提供明确的法律保护，对金融体系等关系到国计民生的产业进行相应的改革。通过审核、风险管理、评估等流程标准和机制，EBRD 支持运营国市场去规制化、私有化发展，促进当地中小微企业的发展。

## （二）法律地位

欧洲投资银行是欧盟各国政府间股份制的官方金融机构，具有独立的国际组织法人地位，其股东成员为欧盟各成员国政府。因此，EIB 的贷款方式和规模也在一定程度上受到成员国政府的影响。相比之下，欧洲复兴

① European Investment Bank，“EIB at a Glance”，https：//www.eib.org/en/about/index.htm，访问时间：2020 年 2 月 20 日。

开发银行也是作为股份制的国际金融机构，具有独立的国际法人地位。

尽管 EIB 和 EBRD 两者均具有国际公共组织的法人地位，但由于股东机构的不同，其独立性也有所不同。EIB 的股东是欧盟各成员国政府，EBRD 的股东由 67 个国家政府和 2 个国际组织即欧盟和 EIB 组成。正因为股东结构的不同，两者的决策程序受股东影响的程度也不同。

此外，欧洲复兴开发银行的成立有着较深的政治使命，即为帮助中东欧国家向民主政体和市场经济过渡、转型。因此，虽然其具有独立的法人地位，其贷款决策也需要经过内部的审批程序，但它受各成员国政府的影响较大。

### （三）组织宗旨

欧洲投资银行的宗旨是利用国际资本市场和欧盟的内部资金，促进欧盟的融合与均衡发展。《罗马条约》规定，EIB 不以营利为目的，对在欧盟内落后地区的开发项目、有助于促进工业现代化的结构改革计划以及有利于欧盟或几个成员国发展的项目提供长期贷款或担保。此外，它还对欧盟以外的地区输出资本，但贷款兴建的项目须对欧盟的经济发展具有特殊意义。EIB 对与欧盟有合作协定的国家和地区，一般都按协定的最高额度提供资金。欧洲投资银行与中国保持长期的项目合作（详情参见本书第六章）。

欧洲复兴开发银行的目标是加强民主、尊重人权和保护环境，通过投资运营国的私营企业，帮助该国向民主政体和市场经济过渡。EBRD 投资的主要对象包括中欧、东欧、东南欧、波罗的海、地中海、高加索、中亚等地区的私营企业和基础设施。目前，EBRD 在中小企业贷款方面取得了重大的成功。贷款期限一般为 2～10 年，贷款利率按照伦敦市场利率计算，另外还可根据项目的风险程度和抵押条件等实际情况上浮 2～5 个百分点。①

欧洲复兴开发银行和欧洲投资银行在组织结构和实现手段上均有着明显的不同。EIB 利用国际资本市场和欧盟的内部资金，主要通过贷款投

① 刘燕：《国际银行业公用事业融资的经验教训：以欧洲复兴开发银行为例》，《上海金融》2010 年第 6 期，第 69～71 页。

资，以促进欧盟内部的融合与均衡发展。EBRD 则通过投资于运营国家的私营企业，帮助其向民主化和市场经济转型。

### （四）治理结构

欧洲投资银行的治理结构包括理事会（Board of Governors）、董事会（Board of Director）和管理委员会（Management Committee）。理事会是 EIB 的最高权力机构。它由 27 个成员国的财政部长组成，负责制定信贷政策、审批年度预算和报告等。董事会由理事会根据成员国政府和欧盟委员会提名的董事和候补董事组成，共有 28 名董事①和 18 名候补董事。董事会负责主要业务的重要决策工作，如批准贷款、确定利率等。管理委员会包含行长在内共由 9 名经济金融专家组成，负责银行日常业务的运行和管理。管理委员会内设总管理部、欧盟融资部、欧盟对外融资部、资金部、国民经济部、法律问题部和技术咨询部。

EBRD 的治理结构包括理事会（Board of Governors）和董事会（Board of Director）。每个股东成员可以指派一名理事组成理事会，理事通常由各国财政部长担任。根据章程规定，除成员资格、入股资金变动、任命董事、任命行长、银行储备金调整和利润分配等事务以外，理事会已将大部分权利授予董事会。② 各股东成员可以任命 1 名董事及 1 名副董事组成董事会，负责制定政策、决定计划案及审核预算。EBRD 行长由董事会推选、理事会任命。行长任期为每届四年。

尽管理事会是 EIB 和 EBRD 的最高决策机构，但其职责却有所不同。首先，EIB 的理事会负责制定总体的方针政策，EBRD 的理事会则主要放

① 英国退欧将自动终结其在欧洲投资银行集团（EIB）的董事成员国地位。EIB 董事成员国将变更为 27 名。欧洲投资银行将分 12 期赎回英国在该行的认购资本。英国在欧洲投资银行的认购资本为 35 亿欧元，占该行认购资本总额的 11.6%。European Investment Bank, “EIB President Regrets Brexit and Welcomes EU 27 United Support for EIB Group”, 31 January 2020, https://www.eib.org/en/press/news/eib-president-regrates-brexit-welcoms-eu27-united-support-for-eib-group，访问时间：2020 年 2 月 20 日。

② EBRD, “EBRD Shareholders and Board of Governors”, https://www.ebrd.com/shareholders-and-board-of-governors.html，访问时间：2020 年 2 月 20 日。

权给董事会。其次，董事会都是两者的实际执行机构，分别负责其日常业务的决策工作。最后，两者都有其他委员会来完成特定的工作。如 EIB 的管理委员会负责融资、法律问题和技术咨询等；EBRD 董事会会根据需要，组成特别委员会为由行长召集的董事会提供技术咨询等。①

## （五）主要职能

EIB 的主要职能是为欧盟落后地区能源、环境保护、基础设施、知识创新等开发项目提供长期的贷款或担保，以促进地区间的均衡发展。EIB 投资总额的 90% 用于欧盟内部。EIB 还为欧盟代管援助非洲、加拿大、太平洋地区国家发展地方工业的风险投资资金，向上述地区和国家的工业、农业、能源和旅游部门提供低息贷款。EIB 的贷款有两种：一是普通贷款，即运用法定资本和借入资金向欧盟成员国的私人企业发放贷款，期限可达 20 年；二是特别贷款，即向欧盟以外的非洲国家或地区提供优惠低息或无息贷款。为应对当前的移民、难民问题，EIB 提出了“经济韧性倡议”，为地中海南岸国家以及西巴尔干地区的经济发展增加融资力度。②

EBRD 的主要职能是依据运营国家在不同转轨阶段的特殊需求、协助其进行市场经济改革，促进私有化发展和提升企业竞争力。除中东欧国家以外，EBRD 还为欧盟其他伙伴国，包括东南欧，中亚，地中海东岸、南岸以及高加索等地区的 37 个国家（地区）向市场经济过渡提供项目融资、政策对话和技术支持。③

EBRD 鼓励公私合作、共同融资及外国直接投资，注重环境保护。EBRD 的具体职能包括：扶持中小型企业发展、提供技术援助和人员培训；帮助受援国政府制定政策、推动其经济改革，帮助其实施非垄断化、

① EBRD，“EBRD Shareholders and Board of Governors”，https：//www. ebrd. com/shareholders – and – board – of – governors. html，访问时间：2020 年 2 月 20 日。

② European Investment Bank，“EIB at a Glance”，https：//www. eib. org/en/about/index. htm，访问时间：2020 年 2 月 20 日。

③ EBRD，“Transition Report 2018 – 2019”，12 November 2018，https：//www. ebrd. com/transition – report，访问时间：2020 年 2 月 20 日。

非中央集权化及非国有化；为基础设施项目筹集资金；参加筹建和改革金融机构与金融体系等。

EIB 和 EBRD 均是国际开发性金融机构，通过发放中长期贷款，为欧盟内落后地区或中东欧地区的企业改革提供援助。虽然都为运营国经济发展提供贷款，EIB 和 EBRD 的侧重点略有不同。EIB 着眼于欧盟内的落后地区，通过支持成员国的重点事业发展，促进成员国的企业现代化等措施以促进欧盟内部平衡发展。EBRD 则更关注于运营国的产业结构调整改革，为其实现经济转型提供帮助。

### （六）资金来源

欧洲投资银行的资金来源包括两个渠道。一是股东成员国需要认缴一定数额的股本金。EIB 成立之初的资本规模为 10 亿欧洲货币单位，由 6 个成员国即联邦德国、法国、意大利、比利时、荷兰和卢森堡按比例分摊。随后，历经多次增资扩股，目前成员国实际认缴的股本金达 116 亿欧元。二是欧洲投资银行通过在国际金融市场发行高信用等级的债券筹集资金。这也是目前 EIB 更为重要的资金来源。欧洲复兴开发银行的注册资本为 100 亿欧洲货币单位，约合 120 亿美元。据该行 2018 年财务报告显示，至 2018 年底，该行现有资本金总额已达 300 亿欧元。这些资金主要是 67 个国家成员和欧盟、EIB 两个国际组织成员认缴的股本金。[①] 最大股东成员国美国占 10%，其次是法国、德国、意大利、日本和英国各占 8.5%，东欧国家总共占 11.9%。此外，欧洲复兴开发银行也同样通过在全球资本市场上发行债券来筹集资金。

成员认缴股本是欧洲投资银行和欧洲复兴开发银行的重要资金来源。两者在认缴方式和重要性上存在较大的共性。EIB 和 EBRD 成员认缴的股本金都与成员国的人口和国内生产总值（GDP）无关，在其资金来源中居于次要的地位。两者都主要通过在国际金融市场上发行债券，募集资金。

① EBRD, "EBRD Financial Report 2018", 8 May 2019, p. 6.

### （七）操作模式

欧洲复兴开发银行的基本操作模式是：通过代理银行（合作银行）进行项目投资。该行只在基准利率上加 1～2 个百分点，允许代理银行收取剩下的 6～8 个百分点。代理银行对此业务可进行单独考核、单独记账。

## 小　结

欧洲投资银行和欧洲复兴开发银行之间所存在的上述差异和共性并不影响它们在国际和欧洲经济事务中的相互配合与支持。为应对 2010 年以来的欧债危机，两家银行积极响应容克委员会提出的“欧洲投资计划”（European Investment Plan, or “Junker Plan”），为“欧洲战略投资基金”筹措所需资金。截至 2018 年底，EIB 已经为“欧洲战略投资基金”提供的资金规模约 700 亿欧元。[①]

在合作过程中，欧洲投资银行和欧洲复兴开发银行都把重点放在各自具有相对优势的业务领域。EIB 是欧盟各国政府间的金融开发贷款机构，主要利用国际资本市场和欧盟内部资金来促进欧盟的平衡和稳定发展；EBRD 则主要通过投资运营国的私营企业，帮助其向民主政体和市场经济过渡。

对欧洲投资银行和欧洲复兴开发银行之间进行比较研究的意义在于以下几点。首先，能够帮助我们准确地把握它们的相同点与不同点，深化对它们的了解。其次，积极借鉴两者的成功经验，对像中国这样的发展中国家大有裨益。例如，政策性银行可以借鉴 EIB 贷款方式；商业银行则可以学习 EBRD 在中小企业贷款方面的代理行操作模式。最后，不断加强与两者的合作，中国不仅可以更加灵活地适应欧盟经济的走势，有效地利用欧盟经济资源，加强与欧盟国家的经贸往来，而且还能够促进世界经济版图多极化的均衡发展，为最终建立一个公正、公平、包容、有序的国际经济新秩序做出重要贡献。

① European Investment Bank, “EIB at a Glance”, https://www.eib.org/en/about/index.htm, 访问时间：2020 年 2 月 20 日。

# 第三章

# 欧洲复兴开发银行的投资战略及方法

欧洲复兴开发银行的投资战略主要以行业和国家为主导。本章主要介绍该行在金融、能源、农业、市政及环境基础设施、交通、自然资源、司法改革等行业的主要战略和政策。在国家战略中，本章第三部分将以波兰为案例，介绍欧洲复兴开发银行的“国家战略”。

## 一　定义“转型”

从 1994 年起，转型概念就被欧洲复兴开发银行用于项目的定性评估。直到 1997 年，时任首席经济学家汉斯·彼得·兰克斯（Hans Peter Lankes）和尼克·斯特恩（Nick Stern）在一篇论文中才将转型概念“正式化”。他们列出了测量转型的三个维度：一是创造、扩张和深化市场；二是建立和加强支持市场（包括私有制）的体制、法律和政策；三是采用具有市场前景的行为模式和技能。该论文还列出了“转型影响清单”，描述项目中与三个维度项目相关的、潜在的对转型产生影响的七个关键领域。①

引入新的转型评估新方法。2016 年，欧洲复兴开发银行董事会批准评估市场经济转型的新方法，即“转型质量评估”（Transition Quality Assessment，简称 TQA）方法。EBRD 认为，新方法对转型概念的诠释是对 1997 年版的完善。当时，欧洲复兴开发银行的所有业务运营国都面临

① EBRD，“The EBRD and Transition”，https：//www. ebrd. com/our - values/transition. html，访问时间：2020 年 2 月 20 日。

着一系列挑战。在市场经济基本要素大致就位的情况下，这些国家需要不同的改革方案。2016 年的“转型”概念将重点放在地区市场经济的质量评估上，使用比转型清单更容易理解和沟通的语言。[①]

促进和支持可持续的市场经济，始终是 EBRD 的首要目标。虽然，1997 年的“转型”概念强调了市场经济的组成部分或结构，不过，欧洲复兴开发银行现在正转向对市场经济的六个品质方面的评估，即竞争性（competitiveness）、良治（good governance）、绿色（green）、包容性（inclusive）、韧性（resilience）和融入性（integrated）。这种变化强调了培育市场经济不应脱离对预期结果的评估。

欧洲复兴开发银行对可持续性的理解远远超出了其对环境可持续性的理解。在近 25 年的转型期间，有许多转型挫折的例子。每当改革的好处没有得到广泛分享时，大多数公民都会认为转型是不公平的，因此改革就会停滞或遭遇逆转。

为避免可能出现的逆转风险，欧洲复兴开发银行需要确认其工作不仅能帮助运营国建立一个有竞争力、管理良好的市场经济，而且要使其具有包容性，确保改革惠及贫困群体（包括但不限于妇女和青年）。良治，对于奖励人才和勤奋工作（而非寻租）的公民尤其重要。它能防止出现裙带主义现象。良治和包容性对于继续获得民众对改革的支持至关重要。

在新方法中，EBRD 加入“韧性”作为评估转型过程的参考因素。2008 年危机表明，EBRD 的转型评估框架低估了经济和社会韧性的作用。银行业出现恐慌，包括食品和能源在内的市场价格震荡过大，削弱了银行业对市场经济的支撑。因此，EBRD 认为，在评估项目的转型影响时，应考虑促进金融体系、粮食安全和能源安全等方面的韧性。

EBRD 认为，市场经济应具有融合性。内部的互联互通和跨境市场的融合可促进经济竞争力和韧性。因此，融入性可以被视为实现其他品质的工具。然而，鉴于民粹主义者对全球化日益强烈的反对，EBRD 认为，将融入

---

① EBRD，“The EBRD and Transition”，https：//www. ebrd. com/our - values/transition. html，访问时间：2020 年 2 月 20 日。

性作为可持续经济的一个独立特征，表明该行对全球化经济的支持。①

重新定义“转型”概念，表明 EBRD 对转型预期结果的重视。如何描述一个转型过程中的经济体？由于欧洲复兴开发银行对运营国在改革方面的需求各不相同，要回答这个问题，就需要各国做出具体的反应。

所有上述六项品质，即竞争性、良治、绿色、包容性、韧性和融入性，体现着欧洲复兴开发银行对转型的全新定位。该定义也隐含在《欧洲复兴开发银行创建协议》中。

## 二 行业战略

### （一）金融行业

一个健康、高效、稳定的金融部门是市场经济的基石。欧洲复兴开发银行的工作重点是支持金融体系的复苏，使其成为经济增长的有效驱动力，增强抵御未来经济衰退的能力。伴随投资项目而来的是支持机构发展、政策改革、立法倡议的政策对话和技术合作。

欧洲复兴开发银行与金融机构的优先合作领域包括以下几方面。

**1. 支持具有韧性、运行高效的银行**

欧洲复兴开发银行通过提高业务标准、重组和合并，以及加强竞争支持银行业的健康发展。EBRD 为有增长潜力、有重组和私有化机会、实力雄厚的银行提供股权和债务融资。EBRD 长期的优先任务是改善公司治理、提高管理标准、部署金融解决方案，以解锁功能失调的银行业。

**2. 提高金融部门的效率和一体化程度**

欧洲复兴开发银行支持通过实现多样化和融入全球金融市场来加强金融部门；为众多非银行金融机构提供股权和债务融资，帮助发展本地区金融行业的基础设施；为本币贷款提供资金，帮助合作机构和客户降低汇率风险；通过投资资本市场债券和结构性金融交易，支持资本市场发展。

① EBRD，“The EBRD and Transition”，https：//www. ebrd. com/our - values/transition. html，访问时间：2020 年 2 月 20 日。

2010年5月，EBRD推出本国货币及资本市场发展策略计划（LC2），以加强运营国的宏观经济、规管及市场架构，确保本国货币市场具有长期流动性。

欧洲复兴开发银行还通过设立“贸易便利化计划”（TFP）项目，促进业务运营国之间的国际贸易。通过该项目，EBRD向运营国当地银行提供担保和短期贷款，并为当地银行员工提供贸易融资等相关的业务培训。

**3. 加强金融中介的作用**

EBRD通过创新金融产品，成为扎根更深、网络更广的金融中介，覆盖专业市场，加强金融领域的竞争和市场有效性。

EBRD通过向本地银行及租赁公司提供贷款，支援中小企业。EBRD还向小额信贷机构提供信贷额度和技术支持，刺激其向当地微型企业发放贷款。EBRD在整个地区设立妇女参与商业项目，促进当地经济在包容性方面的发展。

在EBRD内部，金融机构小组与能源效率和气候变化小组在绿色经济融资设施方面密切合作。这些设施为地方金融机构提供融资，特别是在能效项目上。

## （二）能源行业

能源行业是欧洲复兴开发银行投资的重点领域。EBRD对能源行业的投资主要是基于四个方面的考虑：（1）运营国在能源、气候变化领域遇到的全球挑战，推动了该国经济电气化和电力行业的“去碳化”；（2）对空气质量的担忧导致燃料转换和电气化发展；（3）可再生能源成本大幅下降，使大规模的低碳、低价发电成为可能；（4）广泛使用天然气，为运营国提供了一种可替代高能耗能源的潜在性过渡方案。[①]

截至2019年底，在能源领域，欧洲复兴开发银行在350个项目中累计投资近160亿欧元。对私营部门的投资规模约占总投资额的50%。[②]

① EBRD,“Energy Sector Strategy 2019 – 2023”, Report, 12 December 2018, p. 3, https://www.ebrd.com/cs/Satellite?c=Content&cid=1395276846130&pagename=EBRD/Content，访问时间：2020年2月20日。

② EBRD,“Energy”, https://www.ebrd.com/energy.html，访问时间：2020年2月20日。

2014～2018 年，EBRD 在能源领域的投资规模为 79 亿欧元。如图 3－1 所示，从行业分布看，石油和天然气行业（包括管道、储藏、天然气站、石油精炼等）占比 36%，可再生能源占比 32%，电力占比 24%，火力发电和能效均分别占比 4%。从地区分布看（参见图 3－2），东欧和高加索地区、南欧和地中海南岸地区分别占比 22%、21%，东南欧地区占比 16%，中亚和土耳其分别占 14%，中欧和波罗的海地区占 8%。

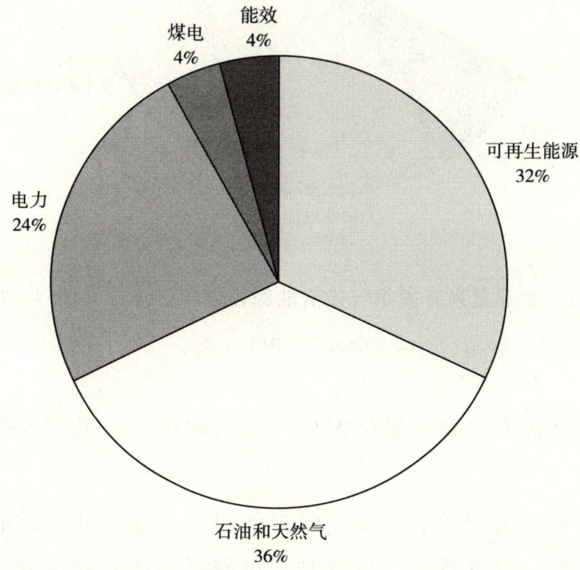


**图 3－1 欧洲复兴开发银行能源领域投资状况——行业分布（2014～2018 年）**

资料来源：EBRD，“Energy Sector Strategy”，2018，p. 6。

2018 年底，欧洲复兴开发银行发布《能源行业战略 2019～2023》报告。[①] 该报告的核心主题是去碳化，即在未来五年内，EBRD 将投资从煤炭、石油行业转型到可再生能源行业。该报告称，“EBRD 不再为煤炭或

① EBRD，“Energy Sector Strategy 2019 － 2023”，12 December 2018，p. 20，https：//www. ebrd. com/cs/Satellite？c = Content&cid = 1395276846130&pagename = EBRD/Content，访问时间：2020 年 2 月 20 日。

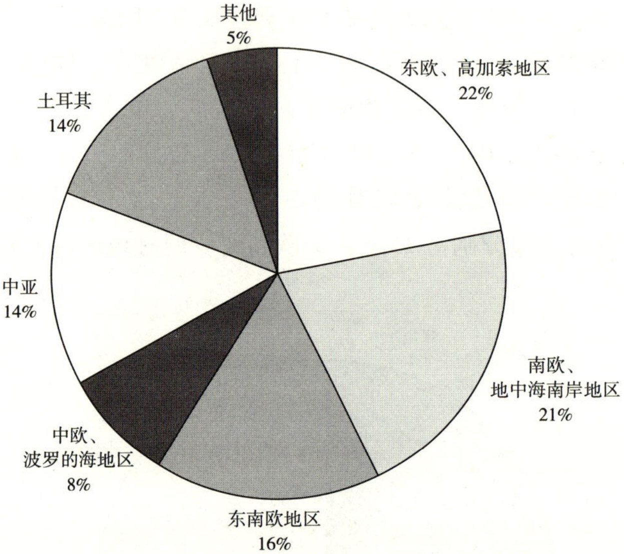


**图 3－2　欧洲复兴开发银行投资能源领域地区分布（2014～2018）**

资料来源：EBRD,"Energy Sector Strategy",2018,p.6。

火力发电站提供融资。除极端情况外，本行将停止资助石油开采或石油发展项目”。

欧洲复兴开发银行对能源部门制定的目标是在工业、政府和消费者之间建立伙伴关系，以可持续、可靠和尽可能低的成本提供满足社会和经济基本需求的能源项目投资。

欧洲复兴开发银行通过以下方式应对来自能源领域的挑战。

（1）能源效率和需求方面的措施。欧洲复兴开发银行将在能源行业价值链中开展工作，提高能效，并通过能源部门促进消费者提高能效，以创新的方式管理和减少能源需求。

（2）建立具有深度、流动性的能源市场。欧洲复兴开发银行将致力于寻求扩大国内和跨境市场、放开价格以及鼓励更多私营企业的参与。关键是，该行认为，它需要明确客观和可预测规则的重要性，吸引更多的新投资。在这方面，欧洲复兴开发银行将支持能源互联，建立更大的区域一体化。在有能源生产能力的业务运营国，欧洲复兴开发银行还将帮助这些国家，使其经济多样化，并加强对这些国家捐赠基金的审慎管理。

（3）重新思考能源产业结构。欧洲复兴开发银行认识到新技术在能源领域带来的迅速变化，因此，该行将支持能源系统向以增强消费者能力、投资智能电网、提高需求侧效率转变，为高效能源供应和消费开辟新的业务模式。

（4）低碳转型。在气候变化挑战日益严峻的背景下，欧洲复兴开发银行的核心、优先任务是，推动向低碳能源领域转型。与欧洲复兴开发银行所有活动相关的效率议程一起，对可再生能源的项目支持和政策对话也可促进可再生能源发电向低价、大规模应用转变。

（5）清洁能源的生产和供应。欧洲复兴开发银行将通过提高能源和资源效率来支持清洁能源的生产和分配。例如，减少天然气燃除量，或投资于更清洁的运输燃料，或将燃料从煤炭转向天然气等。就燃煤发电而言，低碳转型需要从根本上改变煤炭作为电力和热能来源的地位。除非在罕见和特殊的情况下，没有可行的替代能源，否则，欧洲复兴开发银行将不再为火力发电项目提供融资。

（6）制定行业标准和树立最佳实践。在一个对社会和环境产生广泛影响的领域，欧洲复兴开发银行将推动在环境、健康、安全、社会实践、透明度和公司治理等方面采用最佳国际标准。

（7）能源部门更广泛的作用。欧洲复兴开发银行将促进能源部门促进经济包容，为所有经济体提供所需的、可靠的能源供应和负担得起的能源价格，为所有国家提供平等的机会。

在《能源行业战略 2019 ~ 2023》里，欧洲复兴开发银行将其 2019 ~ 2023 年工作规划为三大版块。如图 3 – 3 所示，EBRD 未来五年内能源领域的工作重心包括：一是继续执行前期的工作计划；二是明确挑战，包括来自气候变化、能源安全以及转型等方面的挑战；三是制定去碳化、电气化战略，打造具有包容性、能源韧性的经济。

欧洲复兴开发银行在能源领域的投资几乎遍布所有运营国。一般情况

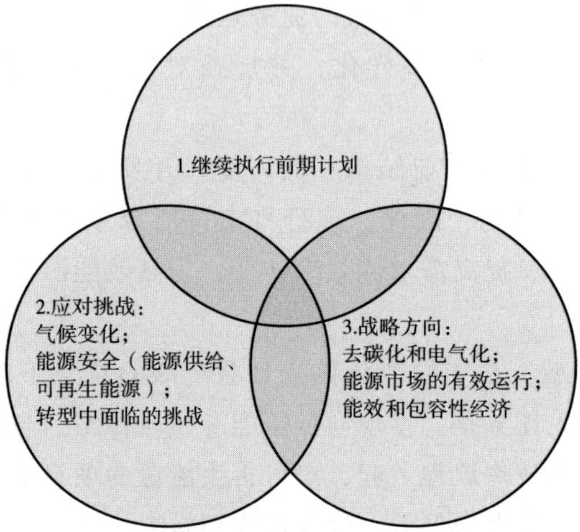


**图 3－3　欧洲复兴开发银行“2019～2023 年战略框架”**

资料来源：EBRD，“Energy Sector Strategy 2019－2023”，12 December 2018，p. 4。

下，EBRD 会和国际金融机构一起，对耗资巨大的能源（含基础设施）项目进行联合投资。EBRD 统计数据显示，[①] 该行与国际金融机构共同投资的能源项目（含政策对话）主要包括：

——在塞尔维亚，欧洲复兴开发银行和国际金融公司（IFC）协助塞尔维亚能源部，制定支持该国可再生能源的战略。两金融机构都对该国装机容量为 158 兆瓦时的风电场进行了投资。

——“南部天然气走廊”中的“跨安纳托利亚海天然气管道”项目（TANAP）是由欧洲复兴开发银行和其他国际金融机构，包括亚洲投资开发银行、世界银行和欧洲投资银行等共同资助的。该项目将通过跨境能源运输，促进区域天然气市场的一体化，支持欧洲天然气供应来源的多样化，并通过相关政策对话（建立独立的监管机构）支持阿塞拜疆能源部门监管机构建设能力

① EBRD，“Energy Sector Strategy 2019－2023”，12 December 2018，p. 50；以及 EBRD，“Project Finance-PSD”，https：//www. ebrd. com/work－with－us/project－finance/project－summary－documents. html，访问时间：2020 年 2 月 20 日。

发展。

——在摩尔多瓦，欧洲复兴开发银行、世界银行、欧盟、能源共同体和欧洲投资银行与该国政府展开政策对话项目，促进市场改革。

——在亚美尼亚，2017 年欧洲复兴开发银行和亚洲开发银行为该国输电网络的现代化改造提供融资贷款。2019 年，该行与国际金融公司为发电装机容量 55 兆瓦时的太阳能发电站提供 3700 万美元贷款。

——在乌克兰，欧洲复兴开发银行与国际发展伙伴，包括国际货币基金组织、世界银行和欧盟等合作，支持该国能源部门的改革。

——在蒙古国，欧洲复兴开发银行、欧洲投资银行等国际金融机构共同为发电装机容量 55 兆瓦时的塞恩山德（Sainshand）风力发电厂提供规模为 7800 万美元的贷款。[①] 同时，欧洲复兴开发银行还与蒙古国政府监管机构展开政策对话项目。

——在塔吉克斯坦，欧洲复兴开发银行和世界银行、欧洲投资银行、英国国际发展部、国际开发银行、美国国际开发署等政府部门和机构共同出资，建设一座输电中转站及相关基础设施，用来作为中亚—南亚输电和贸易项目（CASA－1000）高压输电线路的一部分。该项目促成了塔吉克斯坦政府能源部门独立监管机构的建立。

——在埃及，欧洲复兴开发银行与全球气候基金（GCF）、伊斯兰开发银行（IsDB）、中国工商银行等国际金融机构共同就埃及可再生能源框架与该国政府开展政策对话项目，其中包括 16 个太阳能项目。

——在约旦，欧洲复兴开发银行与美国私人海外投资公司、法国发展署下属 Proparco 银行联合投资了 7 个太阳能项目。

① 塞恩山德（Sainshand）风电场是蒙古国第三个私人融资的风电场，其总投资规模为 1.2 亿美元。如完成投产，该项目预计每年将减少大约 15 万吨二氧化碳当量的温室气体排放。见 EBRD，“Sainshand Wind”，https：//www.ebrd.com/work－with－us/projects/psd/sainshand－wind.html，访问时间：2020 年 2 月 20 日。

### （三）农产品领域

欧洲复兴开发银行在农产品领域的投资涉及价值链上游、下游的各个方面。范围涉及从农场到餐桌，从农业到加工、包装、贸易到物流、分销和零售等行业。

利用稳定的股东基础、AAA 信用评级、强大的行业支持和专业知识，欧洲复兴开发银行可以为运营国提供广泛的融资解决方案。EBRD 根据客户的不同需求，量身定制，以满足客户不断变化的融资需求。

在农商领域，欧洲复兴开发银行提供多种形式的融资，包括长期贷款、流动资金贷款、大宗商品融资、股权、担保和多项目融资等。每一个项目都是单独设计的，以满足整个地区农业企业不断变化的需求。EBRD 还参与债券和股票在资本市场的发行。

认识到可持续影响需要的不仅仅是资金，EBRD 努力成为私营部门的长期合作伙伴。为此，EBRD 在投资之前、期间和之后调动了全方位的咨询和技术援助，以确保与 EBRD 合作的农业企业拥有发展所需的专业知识和资源。

欧洲复兴开发银行认为，在其业务运营地区，农业企业既面临机遇，也面临挑战，因此 EBRD 启动了 2019～2023 年农业领域新战略。该战略支持创新性、可持续和负责任的粮食发展。

未来，欧洲复兴开发银行关注可持续型粮食生产，促进提高效率，支持附加值较高的产品生产，改善私营部门的商业行为和标准。EBRD 致力于寻找加强与市场联系的机会，重点关注价值链整合，支持跨国公司开展业务。EBRD 鼓励可持续性投资，以确保多样化和资源高效的食品供应，同时，减少对环境造成的负面影响。

案例：欧洲复兴开发银行成为欧洲最大的有机农业生产商之一奥佳（Auga）集团股东。

AB 奥佳集团（AB Auga Group）是总部位于立陶宛的垂直整合有机食品生产商。作为上市公司，Auga 集团以总计 3600 万欧元的价格出售部分股份，欧洲复兴开发银行投资900万欧元收购了该公司8.7%的股份。公司计划增加投资，打开协同效应，将农业活动和多样化的产品范围扩大到家禽农场，在原有原料生产和沼气生产工厂基础上，建设现代化奶牛场，通过增加有机产品种类，提高增值性生产比例。

### （四）市政、环境基础设施

市政基础设施是欧洲复兴开发银行在其运营国面临的最艰巨的挑战之一。

2012～2017年，欧洲复兴开发银行在市政基础设施领域的投资包括：超过1亿人受益于改善的水资源、废物和污水处理以及供暖服务，每年有超过25亿人正在使用由欧洲复兴开发银行资助的城市交通改善项目。在此期间，欧洲复兴开发银行通过项目实施，对环境产生较大的影响，即所实施的项目每年减少温室气体排放230多万吨，处理污水14亿立方米。

在市政服务和市政基础设施上，欧洲复兴开发银行的目标是实现基本服务的可持续提供，特别是在水资源和废水、公共交通、城市道路、照明、固体废料管理、地区供暖和能效等方面。EBRD为实现这一目标所采取的主要措施包括：

1. 权力下放：欧洲复兴开发银行寻求促进地方层面的决策，以提供高质量、可持续、基于市场和需求的基础设施，满足当地民众的需求。“去中心化”有助于解决人口结构不同的地区缺少基本服务的问题。

2. 商业化：欧洲复兴开发银行支持的项目重点是与监管和关税改革的有效性和可负担相关、以客户为导向的服务，为重组和以市场为导向的项目提供投资。商业化帮助人们成为经济代理人。这些做法符合欧洲复兴开发银行追求向市场经济转型的目标。

3. 绿色经济转型：绿色经济转型的目标是促进减少或限制温室气体排放的活动，提高适应气候变化的韧性，创造积极的环境效益。在这一过程中，EBRD强调创新的重要性，并有选择性地利用公共资源，最大限度地实施项目。

资金捐助对欧洲复兴开发银行在运营国市政和基础设施项目的成功至关重要。技术合作赠款资金促进项目执行和机构建设工作。此外，EBRD内部的市政和环境基础设施小组系统地资助某些项目，利用投资赠款来解决负担能力的限制，从而大大减缓运营国面临通过提高关税、偿付贷款的困境，并使项目更快地达到欧盟的环境标准。

总之，EBRD希望通过采用以市场为基础的方法和手段，实现投资的长期可持续性。这意味着建立可持续的城市基础设施和服务，实现财政、预算、环境和社会的可持续性，并逐步向节能、低碳经济过渡。

截至2019年底，EBRD共在市政服务和基础设施领域的470个项目中累计投资84亿欧元。其中，对私营部门的投资约占项目总投资额的18%。①

## （五）自然资源

包括石油、采矿和天然气在内的自然资源是许多处于转型期的国家的重要部门，欧洲复兴开发银行发挥了较大的作用。EBRD在能源领域的工作重点是提高标准，提高能源效率和能源安全。

在自然资源领域，EBRD的优先事项包括：

1. 制定标准和最佳实践。在一个对社会和环境具有广泛影响的部门，EBRD促进在环境、健康和安全、社会实践以及透明度和公司治理方面采用最佳国际标准。

2. 投资整个价值链。对石油、采矿和天然气的投资可以对地方经济和小型企业产生重大影响，为此，EBRD特别注重加强跨行业协作。这包括支持交通、能源、水利基础设施和废物管理以及其他对项目发展至关重要的增值设施、服务的发展。

3. 建立具有深度和流动性的市场。欧洲复兴开发银行寻求促进国内、跨境能源及自然资源市场的扩张、价格自由化以及更广泛的私营部门参与

---

① EBRD，"Municipal and Environmental Infrastructure"，https：//www.ebrd.com/municipal-and-environmental-infrastructure.html，访问时间：2020年2月20日。

度。EBRD 认为，明确、客观和可预测的规则是市场的关键组成部分，也是吸引新投资的基础。EBRD 支持能源互联，以建设更大的区域一体化。在自然资源丰富的国家，欧洲复兴开发银行帮助它们以可持续性方式开发资源。这样做有助于当地经济多样化，促进运营国对自然资源的保护和有效管理。

4. 清洁生产和供应。EBRD 通过提高能源和资源效率，支持清洁生产和分配自然资源。例如，EBRD 投资减少天然气燃除，或投资更清洁的运输燃料，或投资燃料从石油和煤炭转向天然气等项目。

5. 在以煤和石油为燃料的发电方面，低碳转型需要从根本上改变煤和石油作为电和热力来源的传统做法。因此，EBRD 将不再为石油和燃煤发电项目提供资金。

截至 2019 年底，EBRD 共在该自然资源领域的 181 个项目中累计投资逾 76 亿欧元。对私营部门的投入资金约占项目总投资额的 87%。[①]

## （六）司法改革

自 1991 年成立以来的近 30 年里，为促进经济转型，欧洲复兴开发银行在运营国推动司法改革，强化机构能力建设，使其向民主、多元的市场经济转型。通过该行总法律顾问办公室的法律转型项目，EBRD 在运营国试图打造一个对投资者友好、透明和可预测的法治环境。欧洲复兴开发银行参与运营国司法改革项目的部门几乎涉及所有行政、立法、司法机关，所涉及的行业包括通信、能源、交通、基础设施、金融、农业等。详请可参见本书附录部分表 2。

欧洲复兴开发银行致力于发展充满活力的市场经济。其所依赖的是法律规则、制度和文化。具体来说，EBRD 的目标是通过以下方式来实现的。

1. 制定标准。EBRD 参与运营国司法制度改革，并向其提出符合国际标准、欧盟价值观的建议。

---

① EBRD，“Natural Resources”，https：//www. ebrd. com/natural - resources. html，访问时间：2020 年 2 月 20 日。

2. 对法律和实践进行评估。EBRD 监测和分析运营国的法治转型状况，利用特有的工具，评估 EBRD 投资项目的法律风险。通过对每个经济体中关键法律部门的发展与国际标准或协调标准相对照，EBRD 可判断运营国在司法改革领域所取得的进展。

3. 协助政府。EBRD 运营国开发和实施技术合作项目，这些项目旨在支持地方当局建立有利于投资者的法律体系。

4. 拓展合作。欧洲复兴开发银行广泛开展合作，推进商法改革，促进最佳实践。EBRD 与其他国际金融机构、国际组织、双边援助机构以及一些学术机构保持密切协调，以促进讨论并进一步宣传最佳实践。此外，EBRD 的目标是建立一个关于现有法律框架的知识体系，从而使与政府合作的潜在项目更加有效。

欧洲复兴开发银行重点关注的仍是该行投资活动最相关、经验最丰富的领域。其中，包括融资渠道（包括担保交易、作物收据、保理、租赁和金融科技）、公司治理、争议解决和司法培训、环境与气候变化、信息及通信技术、无力偿债及债务重组、自然资源、电力和能源、公私合作、公共采购等。

## （七）交通运输

交通运输是经济增长的关键推动因素。它提供的实体网络和服务使人员、货物流动成为现实。欧洲复兴开发银行向客户提供债权、股权相关的投融资服务。投资范围包括公路、铁路、海运、航空、物流和邮政服务等。

EBRD 对该行业的目标是建立安全、可靠、可持续和绿色的交通系统，体现市场原则，平衡经济、环境和社会需求，促进全球去碳化行动，以技术创新为基础，满足工业生产和个人消费需求。

EBRD 认为，2019 ~ 2023 年，该行在交通运输行业的工作重点包括以下内容：

——改善联网比率，满足企业生产和个人消费的需要，支持经济增长、贸易和繁荣；

——鼓励私营部门的参与，以鼓励将推动部门和国有企业改革的商业原则；

——反映环境和社会需要，力求减少不平等和区域不平衡的符合环境和社会要求的运输；

——低碳和创新的解决方案应减少温室气体排放。

截至2019年底，EBRD在交通领域的332个项目中累计投资168亿欧元。对私营部门的投资约占项目总投资的23%。[①] 近年来，EBRD在西巴尔干半岛的阿尔巴尼亚、塞尔维亚、黑山、波黑、北马其顿、科索沃等六国/地区交通领域的投资较多。

值得注意的是，在西巴尔干地区的投资，尤其是交通行业项目，EBRD大多选择的是与当地政府合作。在当地政府提供主权担保的情况下，为目标项目提供融资贷款。

## 三 国家战略

通常情况下，欧洲复兴开发银行会根据运营国的国情，和运营国政府一起，为该国打造“量身定做”的“国家战略”，实现经济转型，推进民主化进程。本节将以波兰为例，具体诠释EBRD的“国家战略”。

2018年4月，欧洲复兴开发银行发布了“波兰国家战略2018～2023”报告（以下简称“波兰战略”）。[②] 在报告“摘要”部分，EBRD认为，波兰承诺并履行了《欧洲复兴开发银行创建协议》第1条“多党民主、多元主义和市场经济”的规定。自实施转型以来，波兰在构建民主机制方面进展显著。在活跃的市民社会、媒体和民主政治传统的框架下，波兰政治呈现多元主义。不过，由于近期该国在法治（rule of law）和司法改

① EBRD，“Transport”，https：//www. ebrd. com/transport. html，访问时间：2020年2月20日。

② EBRD，“Poland National Strategy 2018 - 2023”，11 April 2018，pp. 3 - 4.

革等方面出现问题,[①] 欧盟委员会决定对该国启动《欧洲联盟条约》第七条第一款，即认定波兰存在严重违反欧盟价值观的显著风险。

在“波兰战略”中，首先是国家定位。EBRD 认为，在过去 20 多年转型期间，波兰取得了令人瞩目的向欧盟趋同的经济成果。在欧债危机期间，波兰避免了经济衰退和东欧国家都遭遇到的财政紧缩。在个人债务、国内需求或外部融资要求上，波兰没有出现较大的失衡情况。财政收支平衡是该国宏观经济政策的主要特点。在经历了数十年高速增长后，目前，波兰的劳动生产率增速开始放缓。

在向可持续性市场经济转型过程中，波兰从欧盟、欧洲结构与投资基金（ESIF）和欧洲投资银行（EIB）获得了大量的资金支持。不过，EBRD 认为，在 2014～2017 年“国家战略”执行期内，该行在波兰的投资业务仍存在不足，尤其在促进该国产业竞争力和韧性方面。因此，在新“波兰战略”中，EBRD 制定的战略优先主要包括：

——通过创新、商业化和更强地域国际接轨，增强竞争力；

——促进“绿色经济转型”；

——通过权益和债务资本市场的延展性和多元性，加强金融韧性。

据 EBRD 数据统计，2014～2017 年，EBRD 共向波兰 90 个项目投入约 27 亿欧元资金。其间，为促进向低碳经济转型，EBRD 向波兰提供了约 4.7 亿欧元用于提高能效。即使有限制投资国有企业的规定要求，EBRD 仍然对波兰 TAMEH 公司的煤电改造项目、国有企业 PGE 的可再生

---

① 欧盟认为，近年来，波兰推行的一系列司法改革“有悖于欧洲的价值观和标准”。2017 年 7 月，波兰众议院和参议院通过三项涉及司法改革的法案，招致欧盟施压。2017 年 12 月，欧盟委员会以波兰司法改革严重违反欧盟的法治原则为由，建议启动《欧洲联盟条约》第七条第一款。这一条款属于“惩罚条款”，若审查通过，波兰将遭受暂停表决权等惩罚。波兰政府指责欧委会决定带有政治色彩且不合法，但波兰最高法院则警告政府，波兰可能因其司法改革提案而不得不离开欧盟。见《波兰与欧盟会谈寻求避免启动“惩罚条款”》，新华网，2018 年 4 月 10 日，http：//www.xinhuanet. com/world/2018.04/10/c_ 1122659787.htm，访问时间：2020 年 2 月 20 日；《波兰最高法院：若通过政府司法改革提案波兰或将面临“脱欧”》，中国日报网，2019 年 12 月 18 日，http：//world.chinadaily.com.cn/a/201912/18/WS5df9c295a31099ab995f23a2.html，访问时间：2020 年 2 月 20 日。

能源连接和运输管道建设等项目提供了资金。[①] 在促进私有化和资本市场发展方面，2014～2016年，EBRD向30家波兰中小企业投入约4.2亿欧元资金，对6个债券抵押的担保产品投资1.1亿欧元，参股波兰银行、购买企业债券约3.4亿欧元。[②]

不过，通过2014～2017年“国家战略”的实施，EBRD认为，该行在执行中发现的不足主要体现在五个方面。一是来自欧盟的财政基金以及来自欧洲投资银行或成员国的资金无法满足EBRD的传统融资需求，尤其是对基础设施和市政项目而言；二是波兰当地银行的高流动性使欧洲复兴开发银行的融资对于简单的企业贷款来说显得有些多余；三是波兰政府引入的监管改革，已危及EBRD在“绿色证书体系”（Green Certification System）下资助该国的风能项目；四是缺乏强大、有韧性的本地投资基础，新金融工具乏善可陈，二级市场资本性流动不足，拖累了波兰资本市场的发展，使权益资本和风险资本的供应维持在低水平；五是有限的私有化阻碍私营企业参与国有企业主导的行业。[③]

EBRD从竞争力、良治、绿色、包容性、韧性、融入度等六个方面对波兰进行了评估，并在其发布的“波兰国家战略2018～2023年”报告中总结道：

A）竞争力方面

——国有企业和市场规定扭曲了波兰整体的国家竞争力。在43个行业中，有39个行业至少有一家国有企业[④]，与欧盟其他成员国相比，波兰国有企业在本国股票市场占比较大（参见图3－4）；

——劳动力市场低效；

——创新能力有限；在“欧洲创新排行榜”（European Innovation Scoreboard）上波兰仅位列23，研发投入在GDP的占比不到1%，为0.94%；

——营商环境有待提高。

① EBRD，“Poland Country Strategy 2018－2023”，11 April 2018，p. 5.

② EBRD，“Poland Country Strategy 2018－2023”，11 April 2018，p. 6.

③ EBRD，“Poland Country Strategy 2018－2023”，11 April 2018，p. 7.

④ EBRD，“Poland Country Strategy 2018－2023”，11 April 2018，p. 9.

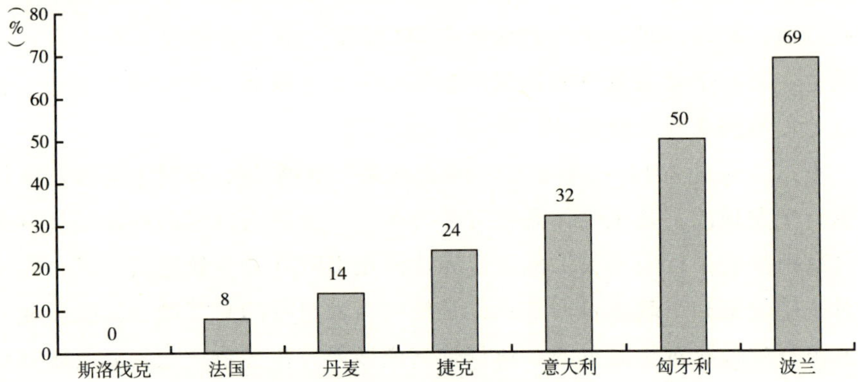


**图 3-4 部分欧盟成员国国有企业在本国股票市场中的占比**

资料来源：EBRD，“Poland National Strategy 2018-2023”，11 April 2018，p. 5。

B）良治方面

——国有企业在企业决策方面缺乏透明度；

——法治方面遇到问题；

——法律修订或出台的速度过快，不利于监管和合规审议。

C）韧性方面

——依靠汇率作为经济“震荡吸收器”的做法有待商榷；

——资本市场处于较低水平。

D）融入度方面

——基础设施较差，尤其是交通行业，据“全球竞争力指数”统计，在道路质量方面，波兰在 137 个经济体中居第 65 位；

——宽带使用率较低。

E）绿色方面

——能耗强度较高，是欧盟平均值的近两倍；

——煤电和天然气发电企业仍享受国家特殊政策待遇和补贴，同时，波兰享受欧盟碳排放交易体系（ETS）的免费碳配额；

——空气污染严重，在欧盟 10 个污染最严重的城市中波兰占据 7 个；

——可再生能源在能源消费总量中的占比仅为 11.8%，远远低于该国政府 2020 年 15% 的目标。

F）包容性方面

——波兰女性就业率仅为 61%，低于欧盟 64% 的平均水平；

——幼儿园和学前教育的入学率仅为 11%，远远低于 OECD 国家 34% 的平均水平；

——在职教育能力不足。

为此，在“2018 ~ 2023 年波兰国家战略”中，EBRD 重新规划出针对该国的三个优先项，并建立从目标、行动到跟踪指标等细节在内的路线图（参见表 3 - 1）。

**表 3 - 1 欧洲复兴开发银行“波兰国家战略 2018 ~ 2023” 3 个优先议题**

| 1. 通过创新、商业化和更强的全球联系，增加竞争力 | | |
|---|---|---|
| 目标 | 活动 | 跟踪指标 |
| 增加有竞争能力的公司 | · 通过提供权益、创新性、“量身定制”的债务投资工具，有选择性地支持具有增长潜力或创新企业；<br>· 整合融资渠道，包括重组，与顾问或基金经理一起支持企业的加强公司治理、提高生产力等方面的培训；<br>· 加强知识转移，通过支持外国投资，采纳最适合当地供应链发展的实务操作 | · 新供应商和消费者；<br>· 新技术被引入；<br>· 权益市场提高流动性 |
| 加快国有企业私有化，提高民营企业进入国企主导行业的参与度 | · 通过政策推广和投资，加快私有化改革；<br>· 通过研发和创新，提高劳动生产率；<br>· 选择性地与国有企业一道促进市场经济改革，提高公司治理能力，增加多元化资金来源，提高民营企业的参与度；<br>· 通过公私合营（PPP）、特许经营等方式，提高民营企业在交通基础设施领域的参与度 | · 转向民营企业外包的项目数量；<br>· 执行的公私合营、特许经营项目数量 |

续表

| 2. 促进绿色经济转型 | | |
|---|---|---|
| 目标 | 活动 | 跟踪指标 |
| 改善能源组合，提高能效 | · 支持公私部门对能效、绿色技术的投资，聚焦取暖、绿色建筑、住宅和商业能效等方面；<br>· 通过 PoIGEFF、PoIREFF 和其他信贷产品为中小企业和住宅项目提供中期融资；<br>· 支持加强能源储存，提高发电、输电和配电效率；探索提高能源互联互通的项目 | · 节省下的能源发电量（千瓦时/年）；<br>· 减少的 $CO_2$ 排放量（吨/年） |
| 提高可再生能源使用率，多元化能源组合 | · 支持可再生能源项目和有效实施、利用监管框架（如风能规定，新的拍卖框架），进一步激励可再生能源的生产和消费；<br>· 通过资助替代低碳技术（如燃气，包括沼气）和第二代生物燃料设施，以及推广能源集群的概念，寻求改善能源结构（包括热电联产装置） | · 可再生能源发电量（千瓦时/年）；<br>· 减少或再回收利用的物质（吨/年） |
| 降低空气污染，提高当地能效 | · 推广绿色城市交通、发电和电子移动；<br>· 支持智能城市方案，提高城市基础设施的能效和可靠性；<br>· 支持用于市政垃圾管理及其他循环经济的投资；<br>· 从公司和城市层面，促进有效执行和遵守现有环境法规的政策参与 | 减少的空气污染物排放量 |
| 3. 通过权益、债务资本市场的扩展和多元化发展，增强经济韧性 | | |
| 加深多元化资本市场 | · 将股权和债务资本市场发展的政策参与和咨询与投资结合起来，支持引入长期融资来源和新的、更复杂的融资工具；<br>· 鼓励通过投资（包括通过私募股权/风险投资基金）形成更多的私人风险资本，促进风险资本和私募股权的可持续发展；<br>· 继续投资债务资本市场的新发行债券，促进形成临界规模的公司债券，支持二级市场交易；<br>· 继续与中央政府、华沙证券交易所等开展政策对话和技术合作，进一步发展资本市场基础设施，支持中小企业进入市场，深化货币市场改革 | · 新融资工具、产品；<br>· 投入的权益基金规模 |

续表

| 3. 通过权益、债务资本市场的扩展和多元化发展，增强经济韧性 | | |
|---|---|---|
| 目标 | 活动 | 跟踪指标 |
| 银行业拥有稳定、具有韧性的资金结构 | · 加强波兰银行业的资本基础，包括符合MREL资格的金融和风险共担工具；<br>· 继续与监管机构进行政策接触，以开发新的符合EBRD要求的资本市场工具（如非优先级优先债券*），并建立有效的监管机制，以确保银行业长期流动性的稳定可用性 | |

注：*非优先级优先债券，即non-preferred senior bonds。

资料来源：EBRD，"Poland National Strategy 2018 - 2023"，11 April 2018，pp. 13 - 15。

# 第四章

# 欧洲复兴开发银行的转型评估与绿色经济转型

在转型理念上，欧洲复兴开发银行逐渐将政治原则和经济原则融合，通过特有的“转型质量评估”方法，对运营国的市场转型进行量化评估。本章第一部分将围绕欧洲复兴开发银行《转型报告 2019～2020：更好的治理、更良性的经济》（以下简称《转型报告 2019～2020》），重点介绍该行的“转型质量评估”方法。此外，作为欧洲复兴开发银行的核心战略，本章将在第二部分介绍“绿色经济转型”（Green Economy Transition，简称 GET）方法。

## 一 转型评估

转型，不仅关系到国家、次国家区域和公司层面，也关系到人民的福祉。

欧洲复兴开发银行认为，评估市场转型应聚焦在六个方面，即是否具有竞争力、良治、绿色、包容性、韧性和融入性等。通过独有的“转型质量评估”方法，欧洲复兴开发银行将上述六个关键特征作为对运营国市场经济转型评估的主要参数。

自 20 世纪 90 年代以来，欧洲复兴开发银行在运营国参与治理方面取得了重大进展。但近年来这些进展趋于放缓。相对于发达经济体，“治理差距”（governance gap，或称“治理赤字”）依然存在。然而，这种趋势也有明显的例外。例如，1996 年以来，格鲁吉亚的治理水平与七国集团平均水平的差距已缩小近 70%。爱沙尼亚的治理水平与七国集团平均水平的差距已缩小约90%。[①]

在欧洲复兴开发银行看来，随着时间的推移，缩小治理赤字的代价越来越大。EBRD在《转型报告2019～2020》中强调，欧洲复兴开发银行运营国的经济质量与七国集团平均水平之间的差距每缩小一半，可使整个欧洲复兴开发银行运营国家的人均收入每年增长约0.9个百分点。此外，治理赤字可能对中高收入经济体更加有害。这是因为，在这些经济体中，创新和创业精神对治理质量更加敏感。创新和创业精神比廉价劳动力、规模经济和进口技术等要素对经济增长的贡献更大、更重要。[②]

为此，欧洲复兴开发银行对有业务关系的经济体建立了一套“转型质量评估”（ATQ）评分方法，以跟踪其转型进度。该法通过评估可持续市场经济的六个关键特征来衡量这些经济体的进步，考察其是否具有竞争力、良治、绿色、包容性、韧性和融入性。

从2016年起，根据“转型质量评估”评分方法，欧洲复兴开发银行每年发布针对所有运营国的转型报告。《转型报告2019～2020》于2019年11月发布。该报告重点介绍了欧洲复兴开发银行2018～2019年在运营国项目中有关竞争力、良治、绿色、包容性、韧性和融入性等六个质量方面的年度跟踪与评估。如图4－1和表4－1所示，2018～2019年，欧洲复兴开发银行业务运营国在这六个方面出现较大的变化。

为全面了解“转型质量评估”方法，现将欧洲复兴开发银行《转型报告2019～2020》综述如下。

---

① EBRD, “Transition Report 2019－2020: Better Governance, Better Economics”, 19 Nov. 2019, p. 8.

② EBRD, “Transition Report 2019－2020: Better Governance, Better Economics”, 19 Nov. 2019, p. 8.

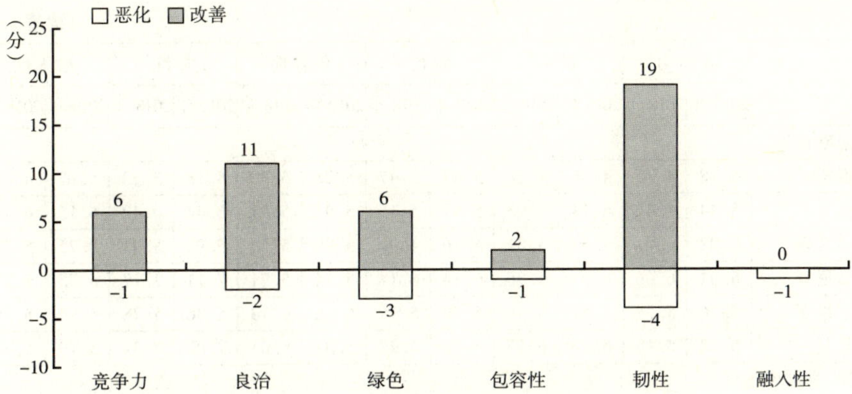


**图 4－1 欧洲复兴开发银行运营国“转型质量评估”整体评分概况（2018～2019 年）**

资料来源：欧洲复兴开发银行：《转型报告 2019～2020》，第 110 页。

**表 4－1 欧洲复兴开发银行运营国（地区）“转型质量评估”国家评分情况（2018～2019 年）**

| | 竞争力 | | 良治 | | 绿色 | | 包容性 | | 韧性 | | 融入性 | |
|---|---|---|---|---|---|---|---|---|---|---|---|---|
| | 2019 年 | 2018 年 | 2019 年 | 2018 年 | 2019 年 | 2018 年 | 2019 年 | 2018 年 | 2019 年 | 2018 年 | 2019 年 | 2018 年 |
| 中欧、波罗的海地区 | | | | | | | | | | | | |
| 克罗地亚 | 5.64 | 5.62 | 5.97 | 6.04 | 6.38 | 6.38 | 6.39 | 6.36 | 7.47 | 7.26 | 6.54 | 6.59 |
| 爱沙尼亚 | 7.63 | 7.61 | 8.27 | 8.30 | 6.42 | 6.56 | 7.66 | 7.73 | 8.11 | 7.87 | 7.49 | 7.50 |
| 匈牙利 | 6.36 | 6.34 | 6.01 | 5.91 | 6.27 | 6.27 | 6.65 | 6.66 | 7.15 | 6.85 | 6.84 | 7.61 |
| 拉脱维亚 | 6.48 | 6.45 | 6.66 | 6.46 | 6.77 | 6.77 | 7.07 | 7.05 | 7.89 | 7.87 | 7.00 | 6.98 |
| 立陶宛 | 6.27 | 6.24 | 6.85 | 6.77 | 6.63 | 6.63 | 6.94 | 6.92 | 7.34 | 7.35 | 7.05 | 7.04 |
| 波兰 | 6.76 | 6.76 | 6.82 | 6.88 | 6.52 | 6.64 | 6.81 | 6.72 | 7.86 | 7.99 | 6.81 | 6.81 |
| 斯洛伐克 | 6.76 | 6.73 | 6.21 | 6.10 | 6.87 | 6.87 | 6.54 | 6.53 | 7.97 | 7.96 | 7.10 | 7.13 |
| 斯洛文尼亚 | 7.09 | 7.09 | 6.65 | 6.64 | 7.08 | 7.21 | 7.35 | 7.37 | 7.73 | 7.62 | 7.14 | 7.22 |
| 东南欧地区 | | | | | | | | | | | | |
| 阿尔巴尼亚 | 5.14 | 5.11 | 5.11 | 5.09 | 4.49 | 4.49 | 5.31 | 5.30 | 5.22 | 5.25 | 5.66 | 5.68 |
| 波黑 | 4.68 | 4.66 | 4.53 | 4.64 | 5.20 | 5.20 | 5.48 | 5.46 | 5.91 | 5.90 | 5.08 | 5.08 |
| 保加利亚 | 5.71 | 5.69 | 5.79 | 5.73 | 6.04 | 6.04 | 6.24 | 6.27 | 6.91 | 6.85 | 6.85 | 6.86 |
| 塞浦路斯 | 6.68 | 6.66 | 7.07 | 6.94 | 6.32 | 6.32 | 6.66 | 6.60 | 5.60 | 5.23 | 7.68 | 7.68 |
| 希腊 | 5.78 | 5.78 | 5.22 | 5.25 | 6.13 | 6.14 | 6.24 | 6.26 | 7.04 | 6.68 | 6.41 | 6.36 |

续表

| | 竞争力 | | 良治 | | 绿色 | | 包容性 | | 韧性 | | 融入性 | |
|---|---|---|---|---|---|---|---|---|---|---|---|---|
| | 2019 年 | 2018 年 | 2019 年 | 2018 年 | 2019 年 | 2018 年 | 2019 年 | 2018 年 | 2019 年 | 2018 年 | 2019 年 | 2018 年 |
| 东南欧地区 | | | | | | | | | | | | |
| 科索沃 | 4.78 | 4.75 | 4.56 | 4.58 | 3.47 | 3.47 | 5.28 | 5.30 | 5.18 | 5.23 | 4.67 | 4.72 |
| 黑山 | 5.44 | 5.42 | 6.11 | 5.93 | 5.41 | 5.15 | 5.98 | 5.91 | 6.44 | 6.42 | 6.15 | 6.13 |
| 北马其顿 | 6.02 | 6.01 | 5.57 | 5.81 | 5.16 | 4.92 | 5.90 | 5.85 | 5.93 | 5.91 | 5.75 | 5.78 |
| 罗马尼亚 | 6.01 | 6.06 | 6.04 | 5.86 | 6.14 | 6.14 | 5.74 | 5.71 | 7.11 | 7.17 | 6.75 | 6.73 |
| 塞尔维亚 | 5.36 | 5.34 | 5.52 | 5.44 | 5.79 | 5.79 | 6.16 | 6.13 | 5.86 | 5.78 | 5.99 | 5.99 |
| 土耳其 | 5.42 | 5.19 | 6.18 | 6.17 | 5.28 | 5.28 | 5.01 | 5.01 | 7.02 | 7.34 | 5.70 | 5.71 |
| 东欧、高加索地区 | | | | | | | | | | | | |
| 亚美尼亚 | 4.97 | 4.90 | 5.78 | 5.82 | 5.72 | 5.72 | 5.97 | 5.96 | 6.40 | 6.08 | 5.45 | 5.43 |
| 阿塞拜疆 | 4.39 | 4.22 | 5.79 | 5.75 | 5.35 | 5.35 | 4.94 | 4.94 | 3.97 | 4.10 | 5.59 | 5.60 |
| 白俄罗斯 | 5.17 | 5.12 | 5.15 | 5.11 | 6.22 | 6.22 | 6.63 | 6.64 | 4.16 | 3.65 | 5.43 | 5.44 |
| 格鲁吉亚 | 4.98 | 4.96 | 6.40 | 6.34 | 5.32 | 5.32 | 5.14 | 5.14 | 6.19 | 5.99 | 6.35 | 6.33 |
| 摩尔多瓦 | 4.36 | 4.32 | 4.81 | 4.68 | 4.68 | 4.67 | 5.58 | 5.73 | 5.82 | 5.50 | 4.94 | 4.95 |
| 乌克兰 | 4.77 | 4.74 | 4.78 | 4.61 | 5.87 | 5.74 | 6.21 | 6.21 | 5.67 | 5.41 | 4.75 | 4.75 |
| 俄罗斯 | 5.83 | 5.80 | 5.90 | 6.85 | 5.09 | 5.08 | 6.83 | 6.83 | 6.42 | 6.40 | 5.00 | 5.08 |
| 中亚地区 | | | | | | | | | | | | |
| 哈萨克斯坦 | 5.26 | 5.22 | 5.67 | 5.62 | 5.36 | 5.11 | 6.46 | 6.43 | 5.95 | 6.17 | 4.91 | 4.96 |
| 吉尔吉斯斯坦 | 4.04 | 3.90 | 4.12 | 4.11 | 4.48 | 4.48 | 4.62 | 4.62 | 5.12 | 5.08 | 4.92 | 4.90 |
| 蒙古国 | 4.22 | 4.21 | 5.11 | 5.19 | 5.36 | 5.36 | 5.19 | 5.18 | 5.37 | 5.20 | 4.53 | 4.49 |
| 塔吉克斯坦 | 3.25 | 3.26 | 3.63 | 3.70 | 4.84 | 4.81 | 5.05 | 5.04 | 3.68 | 3.52 | 3.51 | 3.51 |
| 土库曼斯坦 | 2.81 | 2.80 | 2.28 | 2.28 | 4.09 | 4.09 | 5.41 | 5.41 | 3.21 | 3.26 | 3.97 | 3.96 |
| 乌兹别克斯坦 | 3.39 | 3.36 | 4.45 | 4.42 | 4.41 | 4.31 | 5.41 | 5.41 | 3.96 | 3.77 | 3.93 | 3.93 |
| 地中海东岸、南岸地区 | | | | | | | | | | | | |
| 埃及 | 3.08 | 2.96 | 4.83 | 4.68 | 5.19 | 5.06 | 3.51 | 3.51 | 5.60 | 5.61 | 4.43 | 4.42 |
| 约旦 | 4.18 | 4.15 | 6.23 | 6.18 | 5.85 | 5.84 | 4.36 | 4.36 | 6.18 | 5.89 | 5.81 | 5.83 |
| 黎巴嫩 | 4.36 | 4.35 | 3.84 | 3.74 | 5.10 | 5.09 | 4.73 | 4.73 | 4.48 | 4.14 | 4.70 | 4.72 |
| 摩洛哥 | 4.49 | 4.26 | 5.34 | 5.15 | 5.87 | 5.87 | 3.17 | 3.17 | 5.73 | 5.81 | 4.88 | 4.90 |
| 突尼斯 | 3.93 | 3.84 | 4.88 | 4.82 | 4.92 | 4.92 | 3.82 | 3.82 | 5.10 | 4.77 | 4.33 | 4.33 |
| 西岸和加沙 | 2.87 | 2.86 | 3.88 | 3.80 | 4.07 | 4.07 | 3.84 | 3.80 | 4.95 | 4.84 | 4.65 | 4.66 |

注：数值范围为 1～10。10 代表一个与可持续市场经济标准相对应的综合边界。2018 年的分数已经随着评估方法的改变而更新，因此它们可能与 2018～2019 年转型报告中公布的数值不同。由于获取数据的滞后性，某一年的“转型质量评估”（ATQ）数值可能与日历年不完全对应。特别是，2019 年的 ATQ 数值反映了 2017～2019 年的数据。

资料来源：欧洲复兴开发银行：《转型报告 2019～2020》，第 120 页。

## （一）竞争力方面

欧洲复兴开发银行认为，竞争力方面的变化在很大程度上反映了营商环境的改善或恶化。在《转型报告 2019～2020》中，部分国家，包括阿塞拜疆、格鲁吉亚、摩洛哥和土耳其在竞争力方面取得了进展。与此同时，阿尔巴尼亚、亚美尼亚、匈牙利和乌兹别克斯坦都已着手对其税收制度进行重大改革，白俄罗斯、格鲁吉亚、乌克兰和乌兹别克斯坦也已建立新的机制，支持中小企业获得融资。一些国家（包括塞浦路斯、希腊、乌克兰和乌兹别克斯坦）也进一步努力对国有企业和银行进行重组。相比之下，罗马尼亚的营商环境有所恶化。这导致该国竞争力方面的表现略有下降。

在土耳其，竞争力评分的提高主要是由于该国在解决破产、创业和获取信贷等方面的营商环境有所改善。摩洛哥的商业环境也有类似的改善，其竞争力得分也有提升。阿塞拜疆和格鲁吉亚对各自国家的营商环境和物流质量有所改善，蒙古国的全球价值链参与得分有所提高。不过，与之相反的是，欧洲复兴开发银行将罗马尼亚的竞争力评分下调。究其原因，主要是该国引入了较多的司法程序，导致营商环境恶化，使创业变得更加困难。

部分国家在竞争力领域进行了旨在改善税收制度、发展中小企业辅助机制、改组国有企业的结构性改革。例如，2019 年 5 月，匈牙利宣布实施一系列措施，旨在简化税收制度，降低企业的税收负担，为中小企业提供融资便利。同样，减少中小企业逃税动机的税收制度修正案已在阿尔巴尼亚生效。在乌兹别克斯坦，已展开简化税收制度方面的改革。其中，包括简化纳税申报、降低部分税种的税率、扩大增值税的征收范围等措施。从 2020 年 1 月起，乌兹别克斯坦将实施修订后的税法。类似的，亚美尼亚在 2019 年 6 月修订税法，实施单一所得税制度，提高税收方面的合规性。与此同时，2018 年 12 月，阿塞拜疆通过一套税收改革方案，旨在解决逃税和普遍存在的非正规性问题。

为加强竞争力，部分运营国为配合结构性改革，增设了政府部门。值得注意的是，在欧盟理事会的建议下，塞浦路斯于 2018 年成立“经济和竞争力委员会”。该委员会的目标是监控经济的竞争力，并为政府提供政策建议。在乌克兰，2018 年成立“中小企业发展办公室”，旨在提高国内中小企业的竞争力。乌兹别克斯坦也成立了类似的机构，支持企业家，并提供商业标准方面的培训。

欧洲复兴开发银行观察到，部分运营国已采取步骤，改善中小微企业的融资渠道。有些国家对现有的信贷担保计划进行改革；而其他国家则启动新的融资机制。2019 年 4 月，白俄罗斯成立信贷担保基金，为贷款或租赁合同金额的 60% 提供信贷担保。同期，格鲁吉亚通过实施信贷担保计划，解决中小企业融资渠道有限的问题。在塔吉克斯坦，建立了一个现代化的动产抵押登记制度。该制度将为企业，尤其是中小微企业使用资产作为抵押提供便利。阿塞拜疆、埃及、约旦和土耳其也采取了类似的改革措施。这些措施的目的是扩大信贷信息系统，改进司法制度，支持动产抵押，扩大贷款渠道。此外，一些运营国在司法、监管改革方面也取得了进展。在科索沃和黑山，政府支持接受非银行性融资工具，如租赁和保理。哈萨克斯坦、摩洛哥和土耳其等国支持基于投资的众筹融资方式。

部分运营国继续致力于减少国有企业的经济参与度。例如，乌克兰通过 Prozorro. Sale 电力网络销售平台，启动电力行业小规模私有化计划。该国面向大型国有企业的私有化改革计划将于 2020 年出台。在乌兹别克斯坦，2019 年 4 月启动一项大规模私有化改革计划，旨在出售化工、石油和天然气、建筑和食品加工等行业 29 家国有企业的部分股份。此外，乌兹别克斯坦于 2019 年 5 月通过第一部《公私合作伙伴关系法》（PPPs），鼓励私营部门进入传统上由国有企业主导的行业。与此相关，乌兹别克斯坦正考虑成立一个新的政府职能部门，负责 PPP 项目的规划与实施。

相比之下，欧洲复兴开发银行认为，部分运营国出台了可能削弱其竞争力的政策。例如，由于里拉汇率的下滑，土耳其下令零售连锁店冻结或降低食品价格。在罗马尼亚，政府于 2018 年 12 月颁布紧急命令，向银行业征收额外税收，对电力和天然气价格实施上限封顶限制，对私人养老基金设置新的资本要求。这些措施都是在没有征求公众意见的情况下出台的，在遭到私营部门强烈的负面反馈后，罗马尼亚政府已在 2019 年取消了部分措施。

欧洲复兴开发银行认为，尽管部分运营国较为成功地实施了国有企业改革，但许多经济体的私有化进程依然缺乏动力。例如，塞浦路斯、希腊和哈萨克斯坦等国的情况便是如此。在白俄罗斯，持续减少对国有企业的直接财政支持和补贴，但在改善国有企业治理标准和效率方面进展缓慢。与此同时，在波黑，大型国有铝业生产企业 Aluminij Mostar 继续遭遇财务困难。究其原因，主要是该公司负债过重，以及国际市场铝价持续处于偏低水平。

## （二）良治方面

在良治方面，欧洲复兴开发银行认为，部分运营国，如阿塞拜疆、塞浦路斯、格鲁吉亚和哈萨克斯坦等国近年来已开始逐步进行司法改革，有些国家采用了符合国际惯例和欧盟标准的争端解决机制。同时，欧洲复兴开发银行强调，有些国家则采取与欧盟规则相反的法律、政策。这些措施可能会限制该国司法体系的独立性，损害政府的公信力。

整体而言，2018 年，EBRD 运营国在治理方面的正面提升超过了负面发展。一方面，阿塞拜疆、拉脱维亚、立陶宛、黑山、摩洛哥、罗马尼亚和斯洛伐克等国的表现有所提高。这主要反映出这些国家对私有产权的保护意识有所增强，在监管、保护股东权利方面也有了更强有力的制度框架。与此同时，由于加强了股东权利的制度保护，减轻监管负担，哈萨克斯坦的政府治理表现好于以往。另一方面，欧洲复兴开发银行认为，北马其顿和波黑的政府治理能力有所下降。这主要体现在政府在机制建设、保护私有财产权和司法独立性等方面的表现不断下降。与此同时，蒙古国的治理能力下降反映出该国在反洗钱、反恐怖主义、融资标准（AML/CFT）合规等方面的得分较低。在塔吉克斯坦，政府在司法独立性和监管等方面的表现出现下滑。司法体系独立性的下降也导致克罗地亚和波兰两国政府的治理能力下降。

部分运营国启动了旨在提高政府效率和公共服务质量的改革。例如，2018 年 11 月，斯洛伐克通过了包括 36 项措施在内的一揽子计划，旨在扩大政府电子服务范围，简化发放和更新营业执照程序，打击行政体系的官僚主义。2019 年 5 月，亚美尼亚批准一项旨在提高政府运作效率的重组方案。作为改组的一部分，该国政府职能部门的数目从 17 个削减到 12 个。其中，某些原来的政府部门变成了政府代理机构。

有些运营国已着手进行司法制度改革。例如，在塞浦路斯，设立三个新的特别法庭，分别包括商业法庭、上诉法庭和国际保护行政法庭。然而，该国在包括电子司法系统在内的司法改革进度上一直处于缓慢的状态。塞浦路斯仍然是欧盟司法建设排名最低的经济体之一。在阿塞拜疆，2019 年 3 月通过一项关于调解的立法，旨在使争端解决机制能够在商业、民事、家庭、劳动及其他纠纷案件中发挥作用。此外，阿塞拜疆还设立专门的商业法庭，为企业家提供有效解决争端的途径。

欧洲复兴开发银行在《转型报告 2019～2020》中指出，2018～2019 年，有些运营国采取了旨在打击腐败的措施。例如，2018 年 12 月，黎巴嫩议会通过立法，成立新的国家反腐败委员会，负责启动针对公职人员的反腐败调查。该委员会成立前，黎巴嫩通过了一系列旨在遏制腐败的立法，其中包括 2017 年通过的《信息获取权法》、2018 年通过的《保护举报人法》以及 2018 年通过的《石油和天然气合同反腐败法》等。同时，在乌兹别克斯坦，2019 年 5 月通过《2019～2020 年国家反腐败规划》（State corruption Programme for 2019～2020），旨在加强司法独立性，逐步为公职人员引入收入申报机制，并建立有效的保护举报人机制。

在哈萨克斯坦，2019 年通过新法，旨在提高新法官的遴选和培训能力，加强司法独立性，并通过促进对某些类型的商业纠纷采取更有效的庭外解决方案，减少法院的案件负担。此外，该国阿斯塔纳国际金融中心还引进了一种新的仲裁－调解机制，目的是以成本效益的方式解决商业纠纷。在格鲁吉亚，尽管遭到部分延迟，仍提出了旨在改革司法制度的倡议。格鲁吉亚政府表示，愿意在法庭内设立专门的商业法庭，提高处理商业纠纷的效率。值得注意的是，格鲁吉亚的新破产法尚未最终敲定。该法将寻求加强对债权人权益的保护，提高破产程序的审理效率。

尽管出现了这些积极的发展，欧洲复兴开发银行更加关注运营国家和地区在治理方面出现的负面影响。2019 年 6 月，欧盟委员会人权事务委员已就波兰近年来实施的司法改革提出质询。它呼吁，要努力确保这些改革不会减少波兰的司法独立性，削弱人们对司法系统的信心。在蒙古国，欧盟对 2019 年 3 月该国批准的有关法官地位及影响其独立性的立法修正案表示担忧。尤其是，这些修正案赋予蒙古国国家安全委员会（National Security Council）更大的权力。该机构拥有撤销首席法官、国家检察官办公室主任和国家反腐败机构负责人等权力。类似的，部分国家通过立法修正案，赋予行政部门拥有诸如任命法官等在内的权力。欧洲复兴开发银行认为，运营国的上述做法将引起人们对司法独立的担忧。①

欧洲复兴开发银行在《转型报告 2019 ~ 2020》中指出，匈牙利已从一个“自由”国家变成了一个“部分自由”国家。这种变化主要是由该国政府的部分做法引起的。欧洲复兴开发银行认为，波兰政府的做法对媒体、市民社会等机构的运作产生了消极影响。2018 年，匈牙利媒体所有权的集中度有所上升，这引发人们对该国媒体行业竞争减弱和多元化程度下降的担忧。类似的，新闻自由在斯洛伐克也有所恶化。

### （三）绿色方面

在绿色方面，欧洲复兴开发银行发现，多个国家（包括埃及、哈萨克斯坦、乌克兰、乌兹别克斯坦）计划提交“国家自主贡献目标”（INDCs），在全国范围建立碳定价机制，向绿色经济转型。北马其顿、黑山、俄罗斯已开始履行《巴黎（气候）协定》。

黑山和北马其顿共和国于 2018 年批准《巴黎协定》。两国 2019 年在“绿色”方面的评分出现较高提升。同时，作为世界十大温室气体排放国之一，俄罗斯于 2019 年 9 月通过一项政府令，批准并全面履约《巴黎协定》，俄罗斯早在 2016 年就已签署该协议。

不过，碳定价机制过程放缓，导致爱沙尼亚、波兰和斯洛文尼亚等国

① EBRD，“Transition Report 2019 - 2020：Better Governance，Better Economics”，19 Nov. 2019，p. 113.

在绿色方面的表现出现下滑。科索沃地区通过一项关于能源效率的新法。北马其顿也正在起草类似的法律。在乌兹别克斯坦，通过一些旨在提高能效的政策。哈萨克斯坦、拉脱维亚和乌克兰等国实施支持可再生能源的辅助计划。哈萨克斯坦、科索沃和乌克兰都已设立支持旨在提高能源效率企业的专项基金。①

### （四）包容性方面

在包容性方面，俄罗斯、突尼斯和乌兹别克斯坦等国出台旨在加强工作场所性别平等的法律、法规。

由于衡量青年和性别包容性的指标有所变化，欧洲复兴开发银行运营国在包容性方面的表现得分有所提高。例如，波兰提升了其在世界银行集团（World Bank Group）在妇女、商业和法律指数体系中的得分。这是由于波兰政府取消了限制妇女在某些部门就业的规定。该国还对带薪育儿假期制度进行改革。波兰女性雇主和经理的数量有所增加，青年人失业率有所下降。在黑山，女性就业率出现上升趋势，女性在管理岗位的比例有所提高。在爱沙尼亚和摩尔多瓦，女性雇主的比例出现下降。

欧洲复兴开发银行《转型报告 2019～2020》发现，部分运营国通过新的立法，努力解决性别薪酬差距，加强性别平等。2018 年 11 月，突尼斯通过一项旨在保障遗产继承权男女平等的法案。在乌兹别克斯坦，2019 年 8 月通过一项关于男女平权和享受同等就业机会的新法。该法不仅引入性别歧视的概念，还建立一套新的司法审查框架，以确保维护性别平等原则。突尼斯立法机构还呼吁，应定期收集数据，以便监测政府在实现国家性别平等目标方面取得的进展。在俄罗斯，政府出台新规定，减少官方对女性参加职业种类的限制。该规定将女性被限制参与的职业类型从目前的 456 个减少到 2021 年的 100 个。届时，俄罗斯将向女性开放的职位包括拖拉机、火车和卡车等机械车辆驾驶员。

① EBRD, "Transition Report 2019－2020: Better Governance, Better Economics", 19 Nov. 2019, pp. 114－115.

部分国家已开始着手职业教育和培训体系方面的改革。例如，克罗地亚建立一个区域能力建设中心网络。2018 年 7 月，首批 25 所职业教育和培训学校加入该网络。预计这些学校将与潜在的企业展开合作。塞尔维亚在资格框架改革方面取得进展。2018 年 4 月，塞尔维亚通过《国家资格框架法》，并设立行业技能委员会和专门的资格认证机构。这些改革通过建立正规的反馈机制，有助于确保教育方案符合变化中就业市场的需求。

### （五）韧性方面

在《转型报告 2019～2020》中，欧洲复兴开发银行对运营国的经济韧性评估分为金融韧性和能源韧性两个方面。

（1）金融韧性

欧洲复兴开发银行认为，金融韧性（financial resilience）很大程度上取决于降低的不良贷款规模（如塞浦路斯、希腊两国）、改善的监管环境和金融部门的治理标准等因素。

部分运营国在金融复苏方面取得了一些进展。例如，白俄罗斯在金融韧性方面提升较快，这主要体现在该国对监管环境、风险管理和治理标准方面的改善，以及金融机构资本流动性水平的提高。在塞浦路斯和希腊，金融韧性的提高反映出该国不良贷款规模的下降、金融机构的资本流动性提高以及治理标准和风险管理实践的改善。亚美尼亚、匈牙利、摩尔多瓦和乌克兰等国正不断努力改善金融业环境，提高监管水平。在约旦，金融韧性的提高反映出人们对该国 2019 年通过立法修正案的期盼。修正案将该国存款保险计划的范围扩大到所有伊斯兰银行。

部分 EBRD 运营国已经改进金融部门的风险管理操作。在欧盟《第五版反洗钱指令》和欧盟委员会的建议下，拉脱维亚于 2019 年 6 月通过新法，打击洗钱犯罪活动，加强对全国银行系统的监督。在哈萨克斯坦，央行哈萨克斯坦国家银行（National Bank of Kazakhstan）从 2019 年起开始对银行业实施风险导向监管。这将使欧洲复兴开发银行能够对该国银行业进行更全面的评估。通过对金融机构的业务性质、产品结构、公司治理标准和资本充足率等方面的监管，政府可尽快地发现影响银行业整体抗风险能力的早期风险。此外，哈萨克斯坦政府针对国内14家大银行实施“资产质量评估”（AQR）计划。该计划已于2019年底完成。蒙古国已完成了类似的AQR计划，该国央行正在对所有需要根据AQR计划进行资本重组的银行进行取证审计。

部分运营国展开旨在提高国有银行治理能力和效率的改革。例如，在乌克兰，2018年10月通过一部金融业立法，旨在改善几家国有银行的公司治理实践，提高监事会的专业水平。乌兹别克斯坦已宣布对部分银行进行私有化改革。

金融韧性的表现也体现在银行重组方面。在经历了2014年危机之后，摩尔多瓦银行业在重组方面进展加快。例如，2019年3月，保加利亚一家投资基金收购摩尔多瓦第二大银行Moldindcon Bank的控股权。此前，一个国际投资者财团（包括欧洲复兴开发银行在内）于2018年10月收购摩尔多瓦最大的商业银行——摩尔多瓦农业银行（Moldova Agroind Bank，MAIB）41%的股份。该国第三大银行维多利亚银行（Victoria Bank）早在2018年就已被罗马尼亚银行Banca Transilvania和欧洲复兴开发银行联手收购。欧洲复兴开发银行认为，对三大商业银行实施的这种战略性投资，有助于恢复人们对摩尔多瓦银行业的信心。在塞尔维亚，第三大商业银行Komercijalna Banka的私有化进程取得进展。政府已将其在该行的持股增至83%，以期通过招标程序将其出售给战略投资者。该招标程序已于2019年5月启动。

不过，某些国家在欧洲复兴开发银行“转型质量评估”韧性方面的评估出现下降。例如，土耳其在风险管理实践和治理标准方面出现下降。土耳其央行行长意外遭到免职，引发市场担忧。由于私人银行持有资产比例出现下降，波兰在“金融韧性”方面的表现也出现下滑。在罗马尼亚，政府于2018年12月发布一项政府紧急命令，对银行业实施额外的税务征收，对电力和天然气市场设置价格封顶上限和分销限制，对私人养老基金机构提出新的资本金要求。EBRD在报告中指出，罗马尼亚政府出台的这些措施是在没有事先征求公众意见的情况下采取的，尽管部分措施已经被撤销，但这些举动似乎影响了国际投资者对罗马尼亚经济的信心。在欧洲复兴开发银行看来，阿塞拜疆、白俄罗斯、塔吉克斯坦、乌克兰和乌兹别克斯坦等国的金融机构（包括国有银行）在治理标准方面仍有很大的提升空间。[①]

（2）能源韧性

乌兹别克斯坦在“能源韧性”（energy resilience）方面的表现有所提升。该国成立能源部后，在重组方面取得了重大进展。能源部负责制定政策。同时，乌兹别克斯坦政府已开始将该国主要的能源公司——乌兹别克能源公司（Uzbekenergo）划分为负责发电、输电和配电等不同的、独立的法人实体。此外，该国主要的国有石油和天然气公司 Uzbekneftegaz 也已被分拆为两个不同的实体，分别负责生产和销售业务。乌兹别克斯坦电力行业的关税改革计划已开始启动。其目的是通过采用能够反映实际成本支出的方法，确定关税税率。不过，这些改革措施的执行进度有些滞后。塔吉克斯坦和乌兹别克斯坦在恢复中亚区域电力网络方面采取有力措施，努力开启两国间的电力贸易。

部分国家通过新的法律、法规，使其能源部门的管理更接近欧盟标准。例如，阿尔巴尼亚政府已宣布建立全国电力交易所，以便使电力交易能在日前（day-ahead）和日内（intra-day）交易平台上进行运作。新机制的成立将有助于阿尔巴尼亚能源部门履行“能源共同体”（Energy Community）所规定的义务，并为进一步放松电力市场管制铺平道路。在乌克兰，议会批准通过欧盟 - 乌克兰《联系国协议》附件。新文件要求乌克兰的能源监管应符合欧盟的法律规定。EBRD 在《转型报告 2019 ~ 2020》中认为，这份更新的文件涵盖了乌克兰整个能源部门，包括电力、天然气、石油、可再生能源和核能。若附件内容得以全面实施的话，将极大改善乌克兰能源行业的监管环境。

相比之下，欧洲复兴开发银行《转型报告 2019 ~ 2020》认为，由于 2018 年底颁布的政府紧急令，罗马尼亚在能源韧性方面出现下降。该命

① EBRD, “Transition Report 2019 - 2020: Better Governance, Better Economics”, 19 Nov. 2019, p. 116.

令要求，发电企业应以规定的价格向供电公司配送电力（供电公司负责向家庭供电）。罗马尼亚政府还对该国生产的天然气设置价格上限，并规定，在满足家庭需求之前，天然气生产企业不能卖给供应商。这些政策既破坏了罗马尼亚能源市场的开放度，也不符合欧盟电力和天然气指令的关键条款。在遭到商界的批评后，罗马尼亚议会工业与服务委员会（Industrial and Services Committee）目前已投票取消天然气和电力价格上限规定，并恢复能源市场的自由定价。[①]

### （六）融入性方面

在融入性方面，中欧和波罗的海地区国家（CEB）的流入资本减少，造成区域经济一体化程度下降。与此同时，好的变化是，阿尔巴尼亚、希腊、哈萨克斯坦、吉尔吉斯斯坦、塞尔维亚、乌克兰和乌兹别克斯坦等国采取了旨在减少跨境贸易壁垒、改善空中交通的措施。

部分国家采取了旨在促进跨境贸易、改善空中互联互通的措施。例如，2018 年 10 月，乌克兰通过一项简化边境通关手续的法律。新法允许实施进出口清关的“单一窗口”，并允许广泛地使用电子文件。在哈萨克斯坦，2019 年 3 月推出一个新的“单一窗口”门户网站。该网站平台允许以电子方式提交标准化文件，减少通关所需的时间，降低交易成本。实际上，哈萨克斯坦早在 2018 年 12 月便已启动电子货运系统，用于过境航空货物的电子清关。在阿塞拜疆，2019 年 2 月启动“绿色走廊”系统，旨在简化授权公司的进出口清关程序。乌兹别克斯坦也于 2018 年 11 月出台简化清关手续的措施。其中，包括启动一个新的系统，对凡是属于被评估为低风险的实体，即“经授权的经济经营者”，可在一个简化的制度下清关进出口货物。

部分国家还出台相关政策，改善国内空中交通和相关基础设施质量。例如，2019 年 2 月，希腊签署一项特许协议，将在该国最大的岛屿——

① EBRD, “Transition Report 2019 – 2020: Better Governance, Better Economics”, 19 Nov. 2019, p. 117.

克里特岛（Crete）建设、运营和维护一座新的国际机场，以解决现有机场的运力限制。此外，2019 年 4 月，希腊启动了 23 个地区机场的特许经营程序。目前，这些机场的所有权仍属于国有性质，也未在任何特许经营协议下从事运营业务。希腊政府还宣布一项出售其在雅典国际机场剩余 30% 股份的计划。在一体化融入方面，希腊在欧洲复兴开发银行的“转型质量评估”表现方面呈小幅上升。这也反映出该国非外国直接投资资本流入的增加，以及道路交通质量的改善。

在塞尔维亚，2018 年 12 月，被选中开发贝尔格莱德机场的特许经营者开始负责机场运营。这是该国首个大规模的机场特许协议。

在吉尔吉斯斯坦，2019 年 1 月通过《开放天空协定》和航空自由规定，从而取消对外国航空公司进出该国机场的限制。预计这些政策和规定的实施将有助于增加客运量和货运量，提高该国航空服务的负荷能力。在乌兹别克斯坦，该国宣布，自 2019 年 10 月起，对四个地区机场实施开放天空政策和航空自由。此外，乌兹别克斯坦政府公布一项航空公司重组计划。根据计划，该国国有航空公司——乌兹别克斯坦航空（Uzbekistan Airways）将被拆分为两家独立的公司，一家为航空公司，一家为机场运营商。以前分配给乌兹别克斯坦航空公司的一些管理职能和职责已移交给政府管理部门。这些变化将有助于使航空部门的管理环境现代化，促进乌兹别克斯坦航空业的进一步发展。

克罗地亚和斯洛文尼亚的一体化融入性出现下滑。这主要是因为两国 2018 年净资本流入均出现下降。由于对外国直接投资监管限制的增强，俄罗斯的融入性也出现小幅下降。①

## 二 “绿色经济转型”方法

欧洲复兴开发银行对“绿色经济”的定位是，“通过公共和私人投

① EBRD，“Transition Report 2019 – 2020：Better Governance，Better Economics”，19 Nov. 2019，p. 117.

资、减少经济活动对环境影响的市场经济；市场失灵是通过改善政策和法规体系来管理风险和催化创新”。①

能源部门是经济稳定和包容性增长的关键。2018年底，欧洲复兴开发银行发布《新能源行业战略》（ESS，以下简称“《新能源战略》”）。该战略旨在通过向以市场为导向的低碳经济转型，促进安全、可负担和可持续的能源行业绿色发展。其中，最重要的是扩大可再生能源产业的规模。

《新能源战略》涵盖两个领域的活动包括，一是发电、输电、配电、储存和供应；二是碳氢化合物的提取、加工、运输、分配、储存和供应。

《新能源战略》将适用于所有运营国，并与欧洲复兴开发银行的其他战略、方法和政策相衔接。能源部门的运作对于实施欧洲复兴开发银行的“绿色经济转型”（GET）方法尤为重要。该方案有利于EBRD在实施项目中保持对提高能源效率、可持续性等方面的关注。

2015年5月，欧洲复兴开发银行发布“绿色经济转型”方法，将带来环境效益的投资置于其能源战略的核心。采取“绿色经济转型”方法的目标是，到2020年，欧洲复兴开发银行绿色投资将占投资总额的40%左右。2016~2020年，用于绿色经济转型的投资规模高达180亿欧元。到2020年，每年用于绿色经济转型的投资额将超过40亿欧元。②

欧洲复兴开发银行认为，同转型的其他方面一样，向环境可持续经济的转变集中于市场、行为、产品、过程、技术部署和新技能等方面。根据运营国转型评估记录，EBRD完全有能力通过“绿色经济转型”方法，扩大其转型影响和在其业务国家的环境融资活动。

“绿色经济转型”方法是基于欧洲复兴开发银行的转型原则和客户需求驱动而制定的。该方法将“绿色”融入EBRD的项目投资、技术支持和政策对话等业务上（参见图4-2）。它符合EBRD转型定位、稳健的银行业和额外性的经营原则。在EBRD看来，由于市场失灵，与运营国政府部门展开政策对话与EBRD实施的项目融资活动一样至关重要。制定

① EBRD, “Financial Sector Strategy 2016—2020”, 13 January 2016, p. 6.

② EBRD, “Green Economy Transition”, 9 May 2016.

“绿色经济转型”方法的目的是将 EBRD 的绿色融资从原来占融资总规模的 25% 提高到 2020 年的 40%。

在有效、成功的组织结构基础上，GET 方法支持可持续资源计划的实施。欧洲复兴开发银行采取积极的方式，通过进一步发展与欧盟、双边和多边基金建立的牢固关系，为政府间贸易提高投融资。

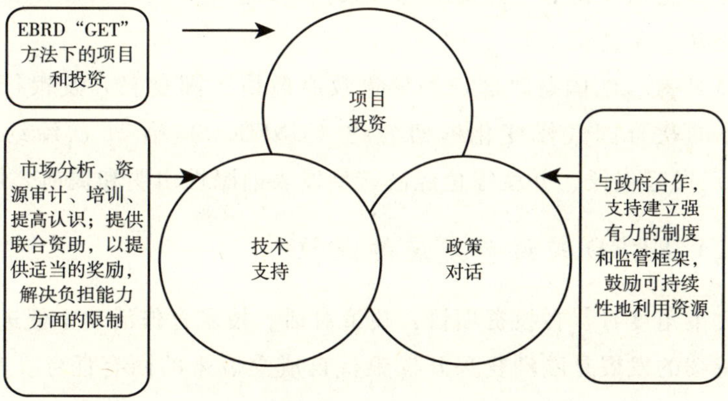


**图 4－2 欧洲复兴开发银行“绿色经济转型”模型**

资料来源：EBRD，“Green Economy Transition”，May 2018。

## （一）背景

欧洲复兴开发银行认为，许多运营国在开始转型时曾遭遇障碍，遗留了诸如忽视环境、浪费能源等问题。尽管在近 30 年里，部分国家在经济方面取得较大的发展，但碳强度和其他环境标准普遍较低。在地中海东、南岸地区，情况基本相似，水资源枯竭问题比较严重。破坏环境的违规成本较低加剧了这一情况的恶化。

欧洲复兴开发银行认为，在目前市场基础较为薄弱或不存在的经济空间中，需要进行迅速和实质性的变革。环境对社会的影响，特别是气候变化，是累积而非线性的。同转型的其他方面一样，向环境可持续经济的转变也集中于市场、商业行为、生产过程、技术和新技能的部署中。考虑到信息、网络、资本市场等外部性因素的重要性，结合这些因素将有助于促进绿色创新，使市场更有效率。

在国际层面，联合国可持续发展目标和《巴黎协定》强调了各国在全球范围减排、去碳化的雄心。2015 年 6 月召开的七国集团（G7）峰会召开呼吁，“多边开发银行在提供气候融资和帮助各国向低碳经济转型方面……尽可能充分利用自身资源”。因此，多边开发银行大多正在或已拟订具体的办法和建议。

2015 年底，法国财政部长和秘鲁政府邀请欧洲复兴开发银行，针对即将到来的联合国气候变化框架公约（UNFCCC）第 21 次缔约方会议（COP21）发起倡议，并就绿色经济转型发表前瞻性声明和提前公告。

### （二）EBRD 与绿色发展的渊源

从政策角度看，在投资项目、政策对话、技术合作活动中促进无害环境和可持续的发展是欧洲复兴开发银行自成立以来的固有任务。实际上，绿色经济转型方法的要素已经嵌入 EBRD 的章程文件、政策和业务中。例如：

- EBRD 创建协议；
- EBRD 环境与社会政策（ESP）；
- 聚焦可持续资源使用的目标倡议，包括可持续能源倡议（SEI）和可持续资源倡议（SRI）；
- 环境可持续性债券计划（ESBP）。

根据环境与社会政策，欧洲复兴开发银行制定了较为先进的业务操作方法，以扩大其在可持续能源倡议下的可持续能源活动，并在“可持续资源倡议”下投资水、材料效率等领域的项目。欧洲复兴开发银行还在市政及环境基础设施、交通和能源等部门战略中引入环境可持续性标准。

通过设立“环境可持续性债券计划”，欧洲复兴开发银行为其“绿色项目组合”（GPP）提供资金。同时，EBRD 不断扩大融资渠道，以满足投资者对此类债券产品的需求。从 2010 年到 2014 年底，EBRD“环境可持续性债券计划”框架下共发行 19 只债券，总计 5.3 亿欧元。2014 年，EBRD 发行了 7 只未上市的环境可持续性债券，分别以澳大利亚元、巴西雷亚尔、新西兰元和土耳其里拉等货币计价。截至 2014 年底，EBRD“绿色项目组合”共向 25 个国家提供 313 笔贷款，总计 49 亿欧元，其中 30 亿欧元已启动。值得注意的是，EBRD 用于定义 GPP 的标准不同于该行气候融资活动的标准。GPP 特别排除了用于环境目标的资金不足 90% 的项目，而 EBRD 确定了较大项目的具体环境组成部分。这种做法符合多边开发银行对其年度联合报告中使用减缓气候变化的要求，即大规模环境投资是大项目投资的组成部分。因此，EBRD 用这种分析方法，以确保只将与项目环境组成部分有关的资金计算在内。

多年来，欧洲复兴开发银行对相关绿色经济各方面的重视程度不断提高。这体现在该行对运营国的规划与行动、环境可持续性的日益重视上。

欧洲复兴开发银行将转型经济影响与环境联系起来的文件包括在以下文件中：

- 《评估项目过渡影响时考虑环境和可持续性目标》（CS/FO/08－13）；
- 《促进能源效率和降低碳排放项目的过渡影响》（CS/FO/10－16）；
- 《2011 年阿斯塔纳年会上正式提出“低碳转型”专题报告》和《将减缓气候变化问题纳入过渡影响方法的个案研究》（CS/FO/12－07）。

上述文件反映出欧洲复兴开发银行在运转良好的市场经济下，将气候变化和环境因素纳入其决策过程，并将其转化为增长和竞争力的驱动力。因此，促进无害环境和可持续发展与转型进程的其他方面是相辅相成的。

与其他种类的商品和服务相比，环境商品和服务特别容易受到不同形式的市场失灵的影响。由于缺乏正确的市场信号，私营部门代理人不会在这些领域投资。创新受到其他市场失灵的影响，如网络失灵、资本市场失灵等，克服这些障碍，国家才能实现向绿色经济转型。

大多数欧洲复兴开发银行运营国是政治、经济和社会转型中的中等收入经济体。与其他转型一样，这意味着它们要面临来自许多方面的挑战，包括全球竞争力、人口结构变化和能源安全。

欧洲复兴开发银行的绿色经济转型（GET）方法建立在过去二十多年的投融资业务实践上。从2006年启动可持续能源行动开始，2013年扩展到可持续资源行动，2016年实施GET方式，截至2019年底，欧洲复兴开发银行已签署340亿欧元的绿色投资协议，资助1900多个绿色项目，预计每年将减少1.02亿吨碳排放。[①] 仅2018年一年，欧洲复兴开发银行在绿色经济转型方面的投资已达33亿欧元，占该行当年总投资规模的36%。其中，所投项目新增220万千瓦时的可再生能源发电。EBRD计划在2020年超过这一数字。[②]

欧洲复兴开发银行绿色投资范围覆盖从埃及的可再生能源项目到乌克兰企业提高能源效率项目。其中，还包括对东欧可持续性交通设施项目、土耳其的废物最小化项目以及改善中亚等国的气候适应能力项目进行投资。在东南欧、东欧和高加索、俄罗斯、中欧和波罗的海诸国的累计融资已达29亿至31亿欧元，土耳其自2009年开始运营以来累计融资已增至25亿欧元。EBRD在东南欧、东欧和高加索地区开展的可持续项目已累计约250个，在中亚的项目数达到109个，与中欧和波罗的海国家相同。就累积碳排放量减少而言，减少最多的地区是俄罗斯、东欧和高加索地区以及中欧和波罗的海地区。

### （三）业务范围

在《绿色转型经济》报告中，[③] 欧洲复兴开发银行提出，在开始执行绿色转型方法时，该行在开展业务的国家遇到了巨大的障碍。在某些国家虽然进行了大规模的资本存量转型，并取得了相应的改善，但碳强度和其

① EBRD，"What Is the EBRD's Green Economy Transition Approach?"，https：//www. ebrd. com/what－we－do/get. html，访问时间：2020年2月20日。

② EBRD，"Annual Review 2018"，p. 6.

③ EBRD，"Green Economy Transition"，May 2018。

他环境标准普遍较低。在东南欧和地中海南岸地区，面对的主要挑战是日益严重的水资源短缺问题。市场无法将环境破坏的成本内在化和货币化，导致投资加剧了经济增长对环境的破坏性影响。气候变化对当前和未来的影响——尤其是在水资源短缺方面，加上不可预测的极端天气，进一步加大了欧洲复兴开发银行在运营国所面临的环境挑战。

因此，在目前市场脆弱的情况下，欧洲复兴开发银行认为，绿色转型需要进行迅速和实质性的变革。

由于转型经济中的环境利益与经济发展息息相关，一些发展中国家和发达国家已注意到这一机会，并正在加大投资，以创造更可持续和更具韧性的经济。如中国在可再生能源上的投资仅 2014 年就已达 833 亿美元。目前，中国在该领域的投资规模已超过化石燃料。这也体现出中国为实现到 2020 年可再生能源占消耗能源总量 15% 目标的努力。欧洲复兴开发银行认为，在这场追求更具创新性、更有韧性和更具有可持续性的经济体间的新竞赛中，如果市场和政府都未能认识到并抓住新技术和商业模式所提供的机遇，一些运营国将面临落后的风险。

尽管在能源效率和可再生能源的使用方面取得了进展，泛欧地区和北美仍然是世界上人均温室气体排放量最高的地区。东欧高加索中亚的一些国家仍然是世界上碳强度[①]最高的经济体。这些国家的矿物燃料补贴仍然很高，电力和热能的价格被人为地压低，导致一些转型经济体存在能源浪费的现象。此外，尽管政府作出了扭转生物多样性等雄心勃勃的承诺，欧洲复兴开发银行部分运营国的生态系统仍面临威胁。

为阻止环境恶化，部分运营国正努力改善城市空气质量，逐步淘汰排放臭氧物质的机器设备，更多地使用可再生能源，改善水资源管理机制，扩大保护区范围。这些国家中的大部分是全球、区域环境和气候变化公约或议定书的签署国或缔约方。总的来说，许多政府正在将可持续发展纳入诸如农业、运输、住房等领域，在减少二氧化碳排放、提高能效、加强森

① 碳强度，以单位经济产出的二氧化碳排放量作为衡量指标。碳强度标准计划体现了一个国家在发展中控制碳排放的理念。

林碳汇的可持续管理等方面已取得了实质性的进展。

不过，欧洲复兴开发银行认为，欧洲和中亚地区部分国家离实现可持续性经济还有很长的路要走。收入的增长与关键环境指标的恶化密切相关。与世界其他地区相比，泛欧地区的生态足迹（biological footprint）最高。事实上，该地区的大多数国家都面临着生物多样性不足的问题。

简言之，欧洲复兴开发银行的运营地区继续面临重大的环境和资源效率挑战。虽然，自 1995 年以来，一些国家的材料消耗和资源生产率有了显著提高，但按购买力平价计算，欧洲复兴开发银行业务运营国的资源生产率仍只有欧盟 15 国的一半。

EBRD 统计数据显示，在转型道路上越先进的国家往往更具有竞争力、效率更高、生态足迹更低。例如，德国竞争力较高，材料强度相对较低，其国内材料消耗量为 0.42 公斤/美元。波兰的竞争力水平较低，在欧洲复兴开发银行业务区域内属于较高资源生产率的国家，其国内材料消耗量是德国的 4 倍以上，为 1.75 公斤/美元。

从能源角度看，虽然业务运营地区的经济增长与排放幅度呈脱钩态势，但 1995 年以后各国的进展并不平衡。因此，欧洲复兴开发银行运营国的能源和二氧化碳强度平均值仍高于欧盟的三倍以上。

从水资源的角度看，欧洲复兴开发银行运营地区拥有世界上水资源压力最大的国家，特别是在地中海南岸和中亚地区。根据联合国环境规划署水资源压力测算数据统计，中亚地区遭受水资源压力最大的国家是乌兹别克斯坦，占每年提取可再生水资源总量的 83%，埃及为 80%，约旦为 58%，突尼斯为 57%，摩洛哥为 45%，土库曼斯坦为 41%。欧洲复兴开发银行运营国整体的平均水压力率为 21%，而欧盟的平均值约为 15%。[①]

阻碍水资源发展的因素比较复杂。其中包括缺乏有效的管理和激励框架（如低关税和对水服务收取的款项不足等），利益攸关方认识不足，缺乏财政资源来扩展或维持基础设施，缺乏协调一致的财政和投资政策来解决供水和卫生问题，缺乏维持地方基础设施和维持现有中央系统的制度

① EBRD, "Green Economy Transition 2018 - 2019 Report", p. 15.

等。在许多国家，超过30%的水是在从供应源到消费者过程中流失的。由于越来越多的人无法以完全收回成本的方式负担水价，特别是，如果所收取的费用包括收集和处理废水，那么获得高质量、负担得起的自来水供应服务也是一个问题。许多国家的社会措施往往是无效的，且针对性较弱。

尽管某些地区和国家引入了生物多样性立法和保护自然的法律、法规，但生物多样性正在以前所未有的速度消失。自然资本和生态系统维持商品和服务提供的能力正在受到削弱。改变土地的使用方式，可能对加强地区生物多样性产生负面影响。最直接的影响是资源枯竭，自然环境遭到破坏或破碎化；间接的影响是土地遭到污染，如负营养化和酸化。

保护森林生态体系是可持续发展的关键。通过从树木、土壤和收获的木材产品中储存碳汇，通过提供可再生建筑材料和能源，有助于减缓气候变化。虽然欧洲的森林总面积正在增加，但森林破碎化也在增加，这会影响欧洲的环境。欧洲复兴开发银行运营地区在海洋多样化和沿海生态系统方面也受到威胁。这在很大程度上是由于渔业的过度开发。据评估，约45%的欧洲鱼类资源由于不可持续的捕捞而濒临灭绝。与此同时，人类生产、生活方式受气候变化的影响也越来越明显。

**案例一：EBRD投资哈萨克斯坦太阳能项目**

总装机容量为50兆瓦时的Burnoye太阳能发电厂是哈萨克斯坦的第一个大型太阳能项目。该设施位于哈萨克斯坦南部的Zhambyl地区，旨在解决当地的能源不均衡问题。目前，哈萨克斯坦80%的电力来自该国北部的煤炭火力发电厂。南方由于矿物燃料比较缺乏，依赖从北方进口和供应，在运输过程中损失的电量相当于拉脱维亚全国的总消费电量。

如果用传统方法生产，Burnoye发电站每年将排放约6万吨二氧化碳当量。

欧洲复兴开发银行为该合资企业提供了140亿坚戈（2015年底相当于3800万欧元）的无追索权的融资贷款。EBRD预计，此举将为哈萨克斯坦可再生能源领域带动更多的私人投资。来自气候投资基金窗口——

"清洁技术基金"的1380万欧元贷款，也有助于降低哈萨克斯坦能源市场新领域相关的风险。

在与欧洲复兴开发银行广泛开展政策对话的基础上，哈萨克斯坦通过了一项关于可再生能源发电的新法律，使该项目成为可能。[①]

## （四）项目执行与创新

### 1. 国际语境

在国际层面上，EBRD将绿色经济转型列为优先议题是基于以下背景。

- 2015年《联合国气候变化框架公约》第21次缔约方会议（COP21）寻求一个关于减缓和适应气候变化的普遍协议——《巴黎协定》。
- 各国政府以及私营部门和金融机构正在讨论如何支持可持续发展目标和COP21决议的实施。联合国发布的报告认为，在消费和生产中可持续和有效利用资源、可持续能源和应对气候变化是全世界需要高度重视的三个最具变革性的挑战。
- 2015年6月，七国集团（G7）峰会领导人在宣言中呼吁，"多边性开发银行在提供气候融资和帮助各国向低碳经济转型方面应尽可能充分地利用其资产负债表"。因此，许多投资银行都需要制定具体的气候策略，如美洲开发银行正致力于设立一个新的部门框架，亚洲开发银行正在考虑增加其环境贷款投入。
- 欧洲复兴开发银行建立了强有力的气候资金跟踪记录和经验分享，特别是在能源效率和私营部门方面。
- 欧洲复兴开发银行理事会在2015年5月第比利斯年度会议上广泛支持进一步扩大世界银行在可持续能源、资源利用和能源安全领域的活动。
- EBRD被邀请参加2015年《联合国气候变化框架公约》第21次

---

① EBRD, "Green Economy Transition", 2016。

缔约方会议（COP21），并就“绿色经济转型”发表声明。

**2. 项目评估与执行**

EBRD 对项目实施全程质量把关。在 GET 方法下，EBRD 制定了从立项、评估到放款三阶段式的“融资质量流程”，以

- 确定符合环境影响评价原则和标准的项目或项目组成部分，在符合环境影响评价或气候适应方法涵盖范围的积极活动清单上；
- 评估 GET 项目和项目组件的物理环境效益；
- 确定项目获得资金和收益的比例，评估其是否符合战略目标，并检查其他影响因素和总收益情况。

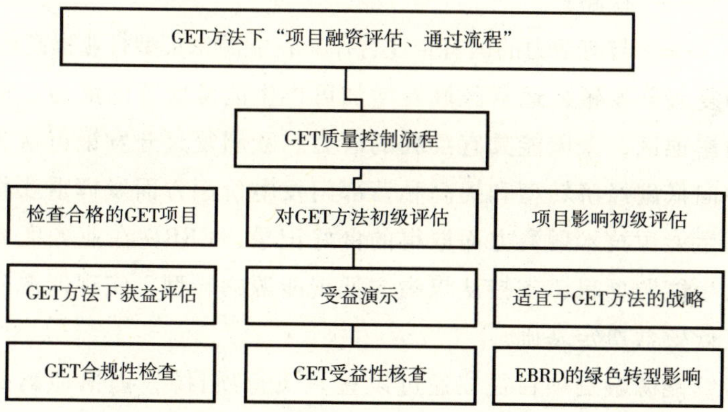


**图 4-3 欧洲复兴开发银行“绿色经济转型”方法流程**

资料来源：EBRD，“Green Economy Transition”，2016。

EBRD 通过当地银行以及自身的“恢复和可持续能源融资便捷项目”（SEFFs），发展出一套实操性较强的可再生能源项目融资流程。该流程涵盖水资源和废水处理、固体废料管理、地区供热等领域。

未来，EBRD 潜在的投资领域包括：

- 电力和工业部门的可再生能源发展；
- 电力恢复，包括：

  ——燃料转换；

  ——大型水电改造；

· 城市投资，包括：

——能源网络；

——城市交通；

——改善供水及污水处理系统；

——水管理；

——固体废料管理；

· 所有部门的工业能源和资源效率；

· 基础设施融资，包括：

——能源传输网络；

——铁路；

——与有活力的国有企业合作，在能源密集型行业提高能源效率。

欧洲复兴开发银行运营区域有增加可再生能源融资的潜力。例如，在地中海南岸地区，太阳能具有巨大的潜力。欧洲复兴开发银行认为，其可以在支持向低碳经济转型和提高私营部门发电份额方面发挥重要作用。鉴于在可再生能源技术融资方面取得的良好记录，EBRD 在业务区域内重复实施可再生能源项目，支持从煤炭向低碳能源的转型，实现能源安全，并为扩大气候效益奠定基础。

可持续能源融资项目往往通过设立“飞行项目”，谨慎地测试项目的适用性和大规模应用的可行性。因此，后续项目对于解决可持续能源市场的增长也非常重要。因为，如果有可靠的记录和经验，随着时间的推移，EBRD 考虑将此类项目的数量和规模增加，以惠及更多的中小企业。

**案例二：EBRD 协助土耳其工业部门提高能效**

土耳其Şişecam 集团是全球领先的玻璃制造商，主营业务是玻璃回收。在土耳其政府和欧洲复兴开发银行的支持下，该公司从 EBRD 贷款 3000 万欧元，用于扩大玻璃收集和处理设施规模，增加生产过程中利用碎玻璃的数量。Şişecam 公司为获得更多的玻璃废瓶，在 EBRD 支持下，在全国举行宣传活动，鼓励土耳其家庭收集玻璃，拒绝浪费。该项目的目标是将伊斯坦布尔、安卡拉、安塔利亚和加济安泰普等城市的玻璃回收率提高到

50%以上。

此外，Şişecam使用EBRD融资方案，引入一系列的节能措施，提高土耳其制造业的环保标准。

受此项目启发，欧洲复兴开发银行启动了一项针对土耳其工业、农业综合企业和市政部门的近零废物计划。通过增加回收设施，将废品当作燃料，减少包装，帮助土耳其经济在利用资源上变得更有效率、更有竞争力。①

**案例三：清洁湖泊、振兴突尼斯经济**

欧洲复兴开发银行提供资金支持清理突尼斯北部比泽特湖，以减少该湖对地中海的间接污染，刺激当地经济，提高附近居民的生活质量。

EBRD提供2000万欧元的贷款和技术援助，以帮助扩展和修复比泽特地区的污水处理网络，并升级改造湖边周围的三个污水处理厂。

一条七公里长的水道将比泽特湖与地中海连接起来。改善湖水质量的工作将使附近两个受保护的海域和邻近的Ichkeul国家公园受益。Ichkeul国家公园是候鸟迁徙的主要中转站。

该项目是突尼斯政府的优先项目，也得到了欧洲投资银行、欧盟“周边投资基金”和“全球环境基金”的资金支持。②

### 3. 创新和技术转移

有一些具有重大潜在环境效益的技术目前还未部署在欧洲复兴开发银行运营地区、而且，特定的高标准设备和材料仍未出现在这些地区。因此，通过采取集中性的技术转移并将这些技术和设备的供应商带入新的市场是非常重要的。

为推动技术转移，政府需加强能力建设，对消费者进行教育，建立与供应商的联系，设立有针对性的鼓励政策，将创新技术引向转型经济体的

① EBRD，“Green Economy Transition”，2016。

② EBRD，“Green Economy Transition”，2016。

各个领域。

在这方面，欧洲复兴开发银行制定并得到全球环境基金（GEF）和欧洲复兴开发银行股东专项基金（SSF）支持的“气候变化资金和技术转移中心”（FINTECC）机制有丰富的经验。FINTECC 机制提供政策对话、技术援助和奖励赠款等投资组合工具，支持减缓和适应气候变化的技术转移。FINTECC 机制在地中海东岸、南岸地区运行良好，并在 2019 年扩展到乌克兰。目前，该机制下共有 11 个项目，这些项目都成功在当地市场完成或转化。FINTECC 模式可以推广到其他国家和部门，比如现代高效照明。

欧洲复兴开发银行支持提高水利用率技术、灌溉网络升级等项目。欧洲复兴开发银行正在与国际粮农组织（FAO）合作，评估地中海东岸、南岸国家（SEMED）和土耳其等国的灌溉体系效率。在水资源压力较大的国家，农业部门优化水资源是提高水资源部门韧性的关键。

**4. 公、私“混合式融资”**

灵活的融资渠道使欧洲复兴开发银行能够有效地解决绿色经济发展中出现的问题，如在提高建筑物能效融资方面。全球 1/3 的二氧化碳排放量是由建筑物造成的，但由于市场的分散性，以及建筑物所有权或公共资产预算控制方面存在的激励机制不统一，目前各国仍难以对建筑物改造项目进行大规模的融资。同样，在 EBRD 运营地区也存在改善供水系统和废水处理网络低效的机遇。这点对水资源压力大的国家尤其重要，这些国家越来越容易受到气候变化的影响。根据欧洲复兴开发银行的“绿色经济转型”方法，该行可利用一系列公、私融资渠道和能力建设工具，承担更高的风险，支持绿色经济转型。欧洲复兴开发银行利用的公共渠道包括：

- 扩大“可持续能源融资便捷项目”（SEFFs）的范围，如：
  ——住宅能源效益；
  ——资源效率；
  ——气候适应；
- 与国有开发银行或国有银行合作，开展有针对性的绿色融资业务；
- 支持主权预算项目，将收益用于提高水和废水基础设施的效率和韧性；

- 对大型项目进行直接的主权运营方式，以实现目标；
- 向当地投资者（包括国家开发银行）提供技术援助，以支持先进的气候缓解和韧性技术的开发和部署。

在《巴黎协定》下，许多国家已制定各自的“国家自主贡献目标”(INDC)、适应计划以及减排行动。欧洲复兴开发银行考虑参与国家政策安排，以便为相关活动提供资金。

欧洲复兴开发银行通过制定、资助旨在改造公共建筑的项目，将能效/可再生能源技术与环境改善相结合。这些项目大多是通过混合式融资工具完成的。欧洲复兴开发银行与其他结构性基金或双边、多边气候融资机制，如“绿色气候基金”等相结合的方式便是典型的“混合式融资”。需要资金的项目对应方可以是公共部门本身，也可以是国有银行或商业银行。欧洲复兴开发银行除提供资金外，还可提供资源效率项目评估、技术支持，并为政府部门提供政策对话等咨询服务，支持在提高建筑绩效标准下，鼓励高质量的建筑升级改造。

不过，通过公共渠道实施的潜在性影响仍十分有限。在所有条件保持不变的情况下，混合型融资方式在欧洲复兴开发银行整体投资组合中的比率微乎其微。目前，私营部门在社会责任投资活动中的份额约占2/3。

**5. “绿色经济转型”下的政策对话**

欧洲复兴开发银行通过“绿色经济转型”方式，深化与运营国政府之间的政策对话，支持政府间贸易谈判。EBRD通过下列政策对话活动，推动运营国的“绿色转型”。

- 在可持续资源投资创造有利的环境方面开展政策对话，如：
  ——国家可持续能源、水和材料效率行动计划；
  ——有针对性地进行与可持续资源有关的法律、法规等制度改革，包括建筑物能源效益、碳市场、用水效益、废料管理等领域。
- 扩大当前政策对话的范围，包括：
  ——协助国家部门制定环境行动计划；
  ——为特定工业部门（如水泥、钢铁、碳捕捉与碳储藏）提供政策路线图和市场评估，制定发展道路指南；

——协助市政当局制定具体的可持续发展行动计划；

——协助改善针对特定部门的法律框架，例如水资源管理、定价和全额成本回收、环境绩效、自然资源利用和生态系统复原能力等；

——协助政府为清洁技术创造公平的竞争环境；例如，制定合理的公共预算开支和监管制度，包括直接监管、环境税、用户收费和可交易许可证等方面的制度。

**6. 累进式融资**

根据“绿色经济转型”方法，欧洲复兴开发银行用于绿色经济转型的投资额占总投资的比例将从原来的25%提高到2020年的40%。这反映出欧洲复兴开发银行在适用业务原则、适应市场条件和获得内部资源的情况下，持续提高投资规模、支持运营国实现绿色转型的雄心。

2010~2014年，欧洲复兴开发银行的绿色融资规模为25亿欧元。预计2016~2020年，EBRD在GET方法下的融资规模将达到180亿。① 2018年，EBRD当年的绿色融资规模已达33亿欧元，预计到2020年将达到当年投资40亿欧元的水平。在EBRD制定的“五年战略和资本框架”（2016~2020年）下，为实现“绿色”目标，欧洲复兴开发银行在“绿色经济转型”方式下的活动将会产生以下结果：

- 欧洲复兴开发银行将获得高达180亿欧元的融资；
- 根据欧洲复兴开发银行气候融资的历史杠杆率，这些项目将再筹集到600亿欧元资金，项目总价值最高可达780亿欧元；
- 在欧洲复兴开发银行商业模式的推动下，预计有一半至三分之二的融资将来自于私营部门。

欧洲复兴开发银行认为，完成上述目标的前提是：（1）充分将GET

① EBRD，“Implementing the EBRD Green Economy Transition—Technical Guide for Consultants: Reporting on Projects Performance against the Green Economy Transition Approach”，May 2018，p. 1.

方法融入运营国的政府公共采购程序；（2）系统性地将可持续性纳入运营国的国家战略；（3）为增加的交易和技术技能提供适当的资源配置；（4）继续获得多边及双边性融资。[①]

欧洲复兴开发银行将绿色经济转型业务作为审核 2016～2018 年"第一个战略实施计划"（SIP）的主要组成部分。这与该行特别委员会和股东在第比利斯年度会议上提出的发展指南相一致。这也符合欧洲复兴开发银行的操作流程，即在引入新规划过程中，及时对战略方向、业务优先级和资源分配等事项进行排序。累进式投资方式有利于保护环境，改善当地的空气质量，增强气候适应能力。对客户而言，可提高竞争力，减低能源成本变动的风险，降低能源进口成本，提高能源安全。

"绿色经济转型"方法将在欧洲复兴开发银行当前的政策框架内实施。该框架包括欧洲复兴开发银行操作原则和"毕业"政策。[②] 由于在欧洲复兴开发银行开展业务的大部分地区，除水力以外的其他可再生能源发电率很低，因此，该行将拓展更多的可再生能源投资项目。能效项目也将在大多数国家的业务中有差异性地进行。这种差异性体现着不同经济体的能源结构和政策框架。根据历史记录，供水、废水处理和固体废料管理方面的项目仍是 EBRD 投资的重点领域。欧洲复兴开发银行用于提高"气候韧性"（climate resilience）的投资项目往往位于高加索、中亚，地中海东岸、南岸以及土耳其等地区和国家。因为这些地区更容易受到气候变化的影响，特别是在水资源供应、能源和运输基础设施等方面。对其他技术项目的投资，如低碳和清洁制造业，预计将更集中在规模更大、更多样化的经济体。污染防控项目则视具体而定。

进一步深化和扩大绿色经济转型领域的投资，如拓宽投资的地域、部门以及对运营国的政策框架等，将大大增强欧洲复兴开发银行在减碳、节约用水和工业材料方面的实际影响。

---

① EBRD, "Green Economy Transition", 9 May 2016, p. 30.

② 迄今为止，仅有捷克从欧洲复兴开发银行业务运营国家中"毕业"。EBRD, "Graduation of EBRD Operations in the Czech Republic", March 2007，访问时间：2020 年 2 月 20 日。

## （五）“绿色经济转型”方法——执行

### 1. 转型评估方法

虽然，《欧洲复兴开发银行创建协议》以及相关文件中均有支持绿色经济转型的表述。不过，这一概念在实践中仍难以执行。其中，特别涉及以下问题：

- “规模”问题，如重复项目的示范效果；
- 如何反映项目的有益“物理影响”（或结果）；
- 公共部门的融资渠道在实现转型影响中的作用。

为此，欧洲复兴开发银行通过国家诊断与战略、环境、公众等三个渠道对绿色转型进行影响性评估。

1.1　国家诊断与战略评估

国家诊断和战略评估是确保欧洲复兴开发银行项目对向市场经济转型国家产生系统性影响的重要方法。EBRD 评估的内容包括：该项目是否符合既定转型挑战，是否符合政策改革目标，是否符合战略资本框架，是否为反映 EBRD 战略方向的最佳工具等。此类评估还为 EBRD 提供了必要的分析数据和背景资料，以便对支持目标所需活动的数量级进行综合性的考量，如关键性群体（critical mass）是否以及如何在鼓励可持续行为和技术方面发挥作用等。

为此，根据评估结果，EBRD 制定了下列步骤：

步骤 1：做出基于“转型挑战评估”（Assessment for Transition Chanllenge，简称 ATC）的国家诊断，包括所有“绿色经济转型”（GET）覆盖的维度；

步骤 2：根据国别诊断、转型差距（transition gap）以及每个国家战略优先制定政策对话和投资领域的组成形式，明确转型优先事项，绿色转型的活动规模和相关政策需要进行系统性的变革，尤其是支持有效资源分配的市场结构，市场结构是反映“转型挑战评估”本质和量级的关键因素；

步骤 3：转型评估应考虑项目是否符合优先次序以及其对实现国家战略中所规定目标的贡献。

在步骤 1 里，EBRD 目前正在开展工作，以加强国家诊断工作，确定正确的优先事项，以推动、确定和评估活动。这样做的目的是为下列工作提供战略和程序基础：

- 建立国家诊断、“转型挑战评估”和国家战略制定之间的联系；
- 根据国家战略确定的优先事项设计投资和政策承诺；
- 确保项目转型影响评估能够符合转型需求和优先级，提高透明度和效率。

欧洲复兴开发银行的前期诊断包括对环境挑战的分析，以确定转型时期的优先事项。EBRD 部门一级的自动交易系统也将同样凸显市场运作方面的相关“转型差距”。

在步骤 2 里，EBRD 会对所有运营国的国家战略进行评估，并做出政策干预的优先排序。虽然，EBRD 有系统地为每个国家制定环境影响评价指标，但该行也会在每个运营国的国家战略中确定项目的优先次序、范围和内容，以反映转型差距的大小以及处理这些差距所需的银行政策和投资活动的能力。然后，EBRD 将检验个别项目是否适合这些优先领域，从而鼓励资源集中用于该国的关键优先项目。这种集“投资 + 政策参与”于一体的投资方式已被 EBRD 用于某些领域的杠杆化融资项目。①

欧洲复兴开发银行期望通过国家战略、确定投资优先次序来处理项目规模和关键性群体的需要。实现系统性的影响通常需要对市场运作方式进行重大变革。为此，EBRD 希望通过参与多个项目，为新技术开发、市场实践、绿色转型提供示范效应。正如欧盟率先在减少温室气体排放上的做法一样，这种示范效应具有相当的说服力。毕竟，流动的空气、消融的冰川、不断升高的海平面以及与其相关的环境恶化、水资源枯竭等问题，不是哪个国家或地区能单独应对和解决的。自 1997 年《京都议定书》签订以来，气候变化已成为当今国际政治的核心议题。通过“集体行动，应对气候变化”是国际社会的共识，也是全球气候治理的朴素理念。②

---

① EBRD, “Green Economy Transition”, 9 May 2016, p. 34.

② 曹慧：《全球气候治理中的中国与欧洲：理论、行动、分歧与合作》，《欧洲研究》2015 年第 5 期。

欧洲复兴开发银行通过项目投资，有助于减少未来与气候变化相关的损害风险，包括市场经济的运作，并在建立基于规则的市场经济方面发挥重要作用。在绿色经济转型框架下，EBRD 的转型评估认可项目产生了实际、全球性影响，并在努力重塑市场以减少温室气体排放的国际语境下进行，政策接触将加强此类项目的整体影响。

在步骤 3 中，EBRD 将通过审查个别项目是否为符合相应的国家战略优先项目，评价该项目及其所伴随的政策对话活动。EBRD 将在项目一级制定具体的基准点，以便提供指导性建议，包括项目结果对当地转型的贡献，以及市场转型成功后对关键性群体的投资等。

1.2　环境评估

如上所述，在过去几年中，EBRD 在适当考虑提高能效、减少碳排放项目的转型影响方面做了大量工作。

EBRD 在可持续资源倡议（SRI）、水及废料管理等方面的项目也在进行中。2013 年以来，该行对关于 SRI 方面转型影响的识别进行了细化。[①] 这些工作包括：

- 完成对所有运营国相关水和废弃物等方面的“转型挑战评估表”；
- 根据“工作组成果框架报告”，制定符合 SRI 项目资格的会计标准，改进将 SRI 纳入现有转型影响框架的方法；
- 在伦敦大学学院（UCL）团队的支持下，EBRD 进一步定义材料效率的转型效益，并制定一套 SRI 物理影响指标；
- 与伦敦大学学院进一步合作，结合能源、水和材料效率，开发综合环境影响指标。

1.3　公共评估

国家干预是制定市场经济良好运行所需的政策和监管框架所必需的，从欧洲复兴开发银行的经验看，就具体项目进行业务对话是支持这种干预的最佳方式。这种对话为投资和改革提供激励和支持。公共实体可在某些

① EBRD，SRI 文件（BDS13－52 最终文件）第 5.1 节。

情况下提供有效的项目执行，以实现政策和投资目标。在公共部门落后的地方，私营部门不太可能在气候和环境解决方案的推动下蓬勃发展，转型缺口资金仍将得不到解决。①

因此，在尊重既定政策和运作原则的前提下，欧洲复兴开发银行采用公、私合营融资渠道有利于 GET 方法的有效实施。

通过与公共部门的对应机构合作，EBRD 可以大大提高其在环境和减排努力中争取关键性群体的能力。EBRD 在公共部门建筑和相关基础设施建设项目中也会有实施先进技术解决方案的机会。这是欧盟广泛采用的一种方式，其目的是提高项目在公民和企业中的认同感。进行政策对话，达成与政府部门技术合作的战略契约是 EBRD 改革议程上一个关键的组成部分。除此之外，EBRD 还追求在公共基础设施中支持环保项目，使之具备较强的示范效应。②

公共部门拥有的资产，包括诸如水、废水处理、废弃物处理和公共交通部门的市政基础设施，以及公共建筑等，是政府取得公共收益的重要机会。通过公共渠道进行的增量融资活动将主要涉及上述部门的市政公用事业项目。

总而言之，利用公共渠道产生影响时应考虑到下列因素。

- 欧洲复兴开发银行仍是一家致力于投资私营部门的多边性开发金融机构，与政府部门相关活动的公共部门部分只可能对 EBRD 的公、私投资比率产生轻微影响，EBRD 仍将公、私投资保持在规定的 40/60 投资组合比率的政策限制之内；
- 项目通常应伴随着政策参与和改革议程，项目的环境效益有助于进一步增强转型影响评估；
- 如果在项目评估中，“绿色转型”方面被其他领域的重大负面执行影响所掩盖，EBRD 应将该项目暂停执行；
- 在界定自身活动的范围和具体性质时，EBRD 应考虑其他多边性开发银行的环境活动。

① EBRD, “Green Economy Transition”, 9 May 2016, p. 35.

② EBRD, “Green Economy Transition”, 9 May 2016, p. 35.

# 第五章

# 欧洲复兴开发银行与欧盟

欧洲复兴开发银行鼓励运营国向开放、以市场为导向的经济体制以及推进私有企业的方向转型。在欧盟“多党、多元主义和市场经济”等价值观的指导下，尽管 EBRD 和 EIB 的商业模式有所不同，但两者都在积极推动欧盟内政、外交政策的实施。

## 一　欧盟内部区域发展政策及投资机制

区域政策（Regional Policy）是欧盟的主要投资政策。它涵盖欧盟所有地区和城市，支持创造就业、商业竞争力、经济增长、可持续发展和提高公民生活质量。在 2014 ~ 2020 年欧盟多年财政预算框架内，用于区域、聚合政策（Cohesion Policy）的资金安排总额为 3518 亿欧元。

欧盟用于支持区域发展、凝聚力等政策的主要资助工具是“欧洲结构与投资基金”（European Structural and Investment Fund，简称 ESIF 或 ESI）。

### （一）欧洲结构与投资基金

**1. 内容**

“欧洲结构与投资基金”是欧盟执行区域发展、聚合政策、共同农业政策、社会政策的主要投资工具。从财政角度看，欧盟本身实际上是一个庞大的再分配体系。成员国每年按照规定把国内生产总值的 1% 左右（1.24% 封顶）上交到布鲁塞尔，再由欧盟通过认可的预算安排，以开支的形式返还给各成员国。在此过程中，有些成员国成为“净受益者”，有些则成为“净支出者”。成员国之间形成“再分配”关系。

2013 年之前，欧洲结构基金和欧洲聚合基金被分开统计。结构基金主要包括“欧洲区域发展基金”（European Regional Development Fund，简称 ERDF）、“欧洲社会基金”（European Social Fund，简称 ESF）、“欧洲偏远地区农业基金”（European Agriculture Fund for Rural Development，简称 EAFRD）等三项。2013 年之后，欧盟通过立法，[①] 将该三项基金连同欧洲“聚合基金”（Cohesion Fund，简称 CF）、“欧洲海洋和渔业基金”（European Maritime and Fishery Fund，简称 EMFF）一起合并为“欧洲结构与投资基金”（参见图 5－1）。在功能上，“欧洲结构与投资基金”为协助成员国实现“欧盟 2020 战略”目标提供财政援助。“欧盟 2020 战略”的总体目标是在欧盟范围内实现智能、可持续、包容性经济增长和扩大就业。

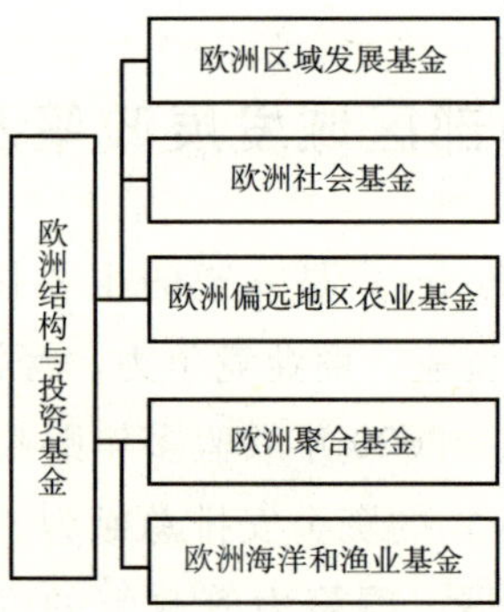


**图 5－1　欧盟“欧洲结构与投资基金”组成（2013 年之后）**

资料来源：European Commission，“Annexes to Strategic Report 2019 on the Implementation of the European Structural and Investment Funds”，Brussels，17 December 2019，COM（2019）627 final，p. 5。

① Regulation（EU）No 1303/2013 of the European Parliament and of the Council of 17 December 2013，“Laying Down Common Provisions on the European Regional Development Fund，the European Social Fund，the Cohesion Fund，the European Agricultural Fund for Rural Development and the European Maritime and Fisheries Fund and Laying Down General Provisions on the European Regional Development Fund，the European Social Fund，the Cohesion Fund and the European Maritime and Fisheries Fund and Repealing Council Regulation（EC）No 1083/2006”，Official Journal of the European Union，L 347/320，20 December 2013.

欧盟区域政策覆盖欧盟所有地区和城市，支持创造就业，提高商业竞争力，促进经济增长和可持续发展，提高公民的生活水准。

2007～2013财年，欧盟整体用于区域发展的财政预算为3470亿欧元。其中，欧洲区域发展基金2010亿欧元、欧洲社会基金760亿欧元、聚合基金700亿欧元。2014～2020年财政预算中，欧盟用于区域和凝聚合政策的财政资金总额为3518亿欧元。① 所有这些基金通过与欧盟委员会达成合作协议的方式，由欧盟成员国自行管理。②

截至2018年底，为实现这些目标，满足欧盟区域多样化和凝聚力的发展需求，欧盟计划在“欧洲结构与投资基金”下支出的财政资金已近4610亿欧元，远远超出原财政预算框架安排的资金规模。③ 如图5－2所示，其中，欧洲区域发展基金规模达1990亿元，占“欧洲结构与投资基金”总额的43%；欧洲偏远地区农业基金为1001亿欧元，占比22%；欧洲社会基金/青年人就业倡议基金（YEI）为928亿欧元，占比20%。聚合基金为633亿欧元，占比14%。欧洲海洋和渔业基金为57亿欧元，占比1%。④

**2. 决策过程**

欧盟、国家、地区三个层面均参与“欧洲结构与投资基金”项目的决策过程。总体而言，这是一个“自上而下”的过程（参见图5－3），欧盟根据战略目标、地区等分类，制定《共同体战略纲要》（Community Strategic Guidelines，简称CSG），作为基金的使用指南。依此纲要，成员国制定各自的《国家战略参考框架》（National Strategic Reference Framework，

① European Commission，“Regional Policy”，https：//ec. europa. eu/regional_ policy/en/policy/what/investment－policy/，访问时间：2020年2月20日。

② European Commission，“European Structural and Investment Funds”，https：//ec. europa. eu/info/funding－tenders/funding－opportunities/funding－programmes/overview－funding－programmes/european－structural－and－investment－funds_ en，访问时间：2020年2月20日。

③ European Commission，“Strategic Report 2019 on the Implementation of the European Structural and Investment Funds”，Brussels，17 December 2019，COM（2019）627 final，p. 3.

④ European Commission，“Strategic Report 2019 on the Implementation of the European Structural and Investment Funds”，Brussels，17 December 2019，COM（2019）627 final，p. 3.

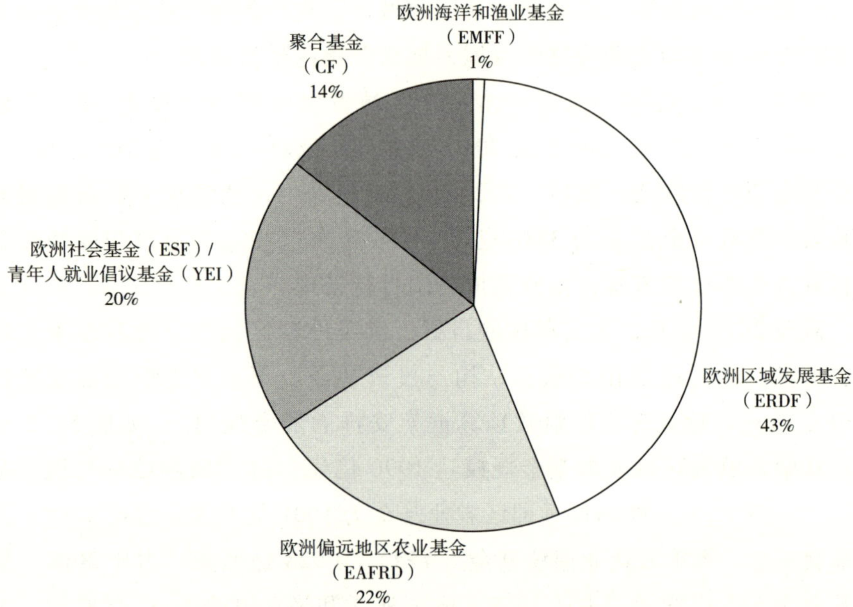


**图 5－2　欧盟“欧洲结构与投资基金”（2014～2020 年）结构分布（截至 2018 年 12 月 31 日）**

资料来源：European Commission，“Strategic Report 2019 on the Implementation of the European Structural and Investment Funds”，Brussels，17 December 2019，COM（2019）627 final，p. 3。

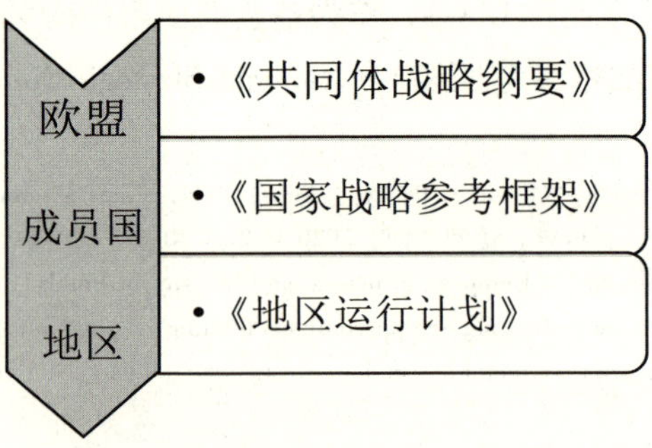


**图 5－3　欧盟“欧洲结构与投资基金”项目决策流程**

资料来源：笔者整理绘制。

简称 NSRF）。根据地区划分，在 NSRF 框架下，成员国列出各自的战略优先领域及相应的国家政策。最后，成员国所在的地区机构根据 NSRF，在平衡各地区需求的情况下，制定《地区运行计划》（Operational Programmes）。

2015 年，欧盟通过《2014～2020 多年财政预算框架》，旨在促进经济增长，扩大就业。该方案将不同政策下的资金机制统筹安排，将欧盟的社会政策、区域发展政策、共同农业政策以及渔业和海洋政策等一并纳入欧洲结构和投资基金范围。成员国通过与欧盟委员会签订《伙伴关系协定》（Partnership Agreement），执行各自确定的优先项目，提高欧盟的凝聚力。①

**3. 优先领域**

2014～2020 财政年度，欧洲结构与投资基金的优先领域包括数字化产业、能源联盟与气候变化、就业、创新、减贫等。

2014～2020 财政年度，欧盟规定，项目应与该成员国的经济表现、社会和环境治理等情况联系起来，统一进行评估。为此，欧洲复兴与开发银行也建立了一套完整的"社会与环境准则"，成为项目在投资选评、执行过程中的重要监督环节。

## （二）欧洲聚合基金

聚合基金是欧盟用于资助欧盟范围内环境、泛欧交通网络建设（TEN－T）的专用财政资金。按规定，那些国民总收入未及欧盟平均水平 90% 的成员国是聚合基金的主要资助对象。目前，除希腊和葡萄牙以外，聚合基金覆盖的国家还包括 13 个新成员国，即保加利亚、克罗地亚、匈牙利、塞浦路斯、捷克、爱沙尼亚、立陶宛、拉脱维亚、马耳他、波兰、罗马尼亚、斯洛伐克、斯洛文尼亚。②

① European Commission，http：//ec. europa. eu/regional_ policy/what/future/proposals_ 2014_ 2020_ en. cf，访问时间：2020 年 2 月 20 日。

② European Commission，"Cohesion Fund"，http：//ec. europa. eu/regional_ policy/en/funding/cohesion－fund/，访问时间：2020 年 2 月 20 日。

2014～2020 财政年度，聚合基金的整体规模高达 633 亿欧元。其支持的项目主要包括泛欧交通网络建设框架下的“与欧洲利益相关的 30 个优先项目”（Priority Projects of European Interest）以及“连接欧洲便捷项目”（Connecting European Facility，简称 CEF）框架下的基础设施项目。①

**1. TEN－T 框架下的“30 个优先项目”**

“30 个优先项目”是符合欧盟“泛欧交通网络建设”（TEN－T）发展利益，由成员国提议、欧盟机构审定的财政资助项目。项目执行截止时间为 2020 年。届时，这些项目应为欧洲交通的可持续发展带来附加值，提高交通系统的经济效益，使欧洲公民直接受益。截至 2020 年 2 月 20 日，“30 个优先项目”已完成 27 个。②

“30 个优先项目”（参见表 5－1）覆盖欧洲海、陆、空的基础设施建设。其中，有 18 个铁路交通项目、3 个铁路－公路混合型项目、2 个水运航道项目、1 个海上航道项目、1 个卫星导航体系项目。

**表 5－1　欧盟 2014～2020 年的“与欧洲利益相关的 30 个优先项目”**

| 编号 | 项目名称 | 国家/地区 |
|---|---|---|
| 1 | 贯穿柏林—维罗纳—米兰—博洛尼亚—那不勒斯—墨西拿—巴勒莫铁路线 | 德国、意大利 |
| 2 | 贯穿布鲁塞尔—科隆—阿姆斯特丹—伦敦高速铁路 | 比利时、德国、荷兰、英国 |
| 3 | 欧洲西南地区高铁线 | 西班牙、葡萄牙 |
| 4 | 欧洲东线高铁线 | 法国、德国、卢森堡 |
| 5 | 荷兰鹿特丹与德国 Betuwe 之间的铁路 | 荷兰、德国 |
| 6 | 贯穿里昂—的里雅斯特—迪瓦卡—卢布尔亚那—布达佩斯—乌克兰边境铁路 | 法国、意大利、斯洛文尼亚、匈牙利、乌克兰 |
| 7 | 贯穿伊古迈尼察—雅典—索非亚—布达佩斯公路 | 希腊、保加利亚、匈牙利 |
| 8 | 连接西班牙、葡萄牙的多条走廊 | 西班牙、葡萄牙 |

① European Commission，“Cohesion Fund”，http：//ec. europa. eu/regional_ policy/en/funding/cohesion－fund/，访问时间：2020 年 2 月 20 日。

② European Commission，“30 Priority Projects”，https：//ec. europa. eu/inea/ten－t/ten－t－projects/projects－by－priority－project，访问时间：2020 年 2 月 20 日。

续表

| 编号 | 项目名称 | 国家/地区 |
|---|---|---|
| 9 | 贯穿科克—都柏林—贝尔法斯特—斯特兰拉尔铁路 | 爱尔兰、英国北爱尔兰地区 |
| 10 | 米兰 Malpensa 机场 | 意大利 |
| 11 | 连接瑞典—丹麦 Øresund 大桥 | 瑞典、丹麦 |
| 12 | 连接北欧三角铁路、公路 | 瑞典、芬兰 |
| 13 | 连接英国—爱尔兰—荷比卢公路 | 英国、爱尔兰、荷兰、比利时、卢森堡 |
| 14 | 英国西海岸沿线公路现代化重建、扩建 | 英国 |
| 15 | 伽利略计划 | 所有国家 |
| 16 | 锡尼什—阿尔赫西拉斯—马德里—巴黎货运铁路 | 葡萄牙、西班牙、法国 |
| 17 | 贯穿巴黎—斯特拉斯堡—斯图加特—维也纳—布拉迪斯拉发 | 法国、德国、奥地利、斯洛伐克 |
| 18 | 贯通莱茵河/默兹河—美因河—多瑙河水道 | 所有沿岸国家，包括成员国和非成员国 |
| 19 | 提高伊比利亚半岛高铁互通性 | 葡萄牙、西班牙 |
| 20 | 贯穿费马恩岛铁路 | 德国、丹麦 |
| 21 | 海上航道 | 所有 |
| 22 | 贯穿雅典—索非亚—布达佩斯—维也纳—布拉格—纽伦堡/德累斯顿铁路 | 希腊、保加利亚、匈牙利、奥地利、捷克、德国 |
| 23 | 贯穿格但斯克—华沙—布尔诺/布拉迪斯拉发—维也纳铁路 | 波兰、捷克、斯洛伐克、奥地利 |
| 24 | 贯穿里昂—热那亚—巴塞尔—杜伊斯堡—鹿特丹—安特卫普铁路 | 法国、意大利、瑞士、德国、荷兰、丹麦 |
| 25 | 贯穿格但斯克—布尔诺/布拉迪斯拉发—维也纳公路 | 波兰、捷克、斯洛伐克、维也纳 |
| 26 | 贯穿爱尔兰/英国与欧洲大陆的铁路 | 爱尔兰、英国、荷兰、比利时、卢森堡 |
| 27 | 波罗的海铁路轴线：华沙—考纳斯—里加—塔林—赫尔辛基 | 波兰、立陶宛、拉脱维亚、爱沙尼亚、芬兰 |
| 28 | 布鲁塞尔—卢森堡—斯特拉斯堡铁路 | 比利时、卢森堡、法国 |
| 29 | 爱奥尼亚海/亚得里亚海走廊地带的铁路线 | 希腊、巴尔干地区、保加利亚、土耳其 |
| 30 | 塞纳河—斯凯尔特河内河航道 | 法国 |

资料来源：European Commission，“30 Priority Projects”，https：//ec. europa. eu/inea/ten－t/ten－t－projects/projects－by－priority－project，访问时间：2020 年 2 月 20 日。

2. “连接欧洲”框架下的基础设施项目

“连接欧洲便捷项目”是欧盟用于有利于增长、就业、竞争力方面的基础设施投资机制。[①]

除财政资金外，“连接欧洲便捷项目”机制还通过创新工具，提供融资支持，如担保以及为项目发行债券等。这些金融工具为欧盟财政赠款支持的项目带来更多的金融杠杆，进一步吸引来自公、私部门的资金。

自2014年以来，欧盟委员会下属创新与网络署（Innovation and Networks Executive Agency，简称INEA）负责管理“连接欧洲便捷项目”。在2013～2020年，“连接欧洲设施”项目总体预算额为274亿欧元。其中，交通基础设施类项目投资为224亿欧元，能源类项目为47亿欧元，通信类项目为3亿欧元。

以波兰为例，据波兰基础设施与发展部统计，[②] 2007～2013年，波兰使用欧盟基金2265亿兹罗提（约495亿欧元），加上波兰自有财政资金，该国用于基础设施建设的总投资规模为3199亿兹罗提（约700亿欧元）。截至2018年12月31日，2014～2020年，波兰计划使用欧盟基金和国内配套财政资金共计1049亿欧元。其中，超过820亿欧元是来自欧盟的聚合基金。这些资金将用于支持科研、公路铁路建设、公共交通、企业发展、宽带基础设施以及帮助失业人群再就业等。使用资金规模最大的领域是“基础设施和环境”类。该类项目主要支持交通基础设施发展、环境保护、能源和低排放经济以及卫生、文化保护事业等。其中，重点项目之一是“数字化波兰”项目。该项目总预算为21.7亿欧元，受益单位包括电信公司、公共行政部门、大学、基金会、协会、国立文化机构和自治政府。预计到2020年，每个波兰人都能够享受不少于30Mb带宽的宽带网和现代化网络服务。另一个重点项目是“知识、教育和发展”项目。该

① European Commission, “Connecting Europe Facility”, https://ec.europa.eu/inea/en/connecting-europe-facility，2017年9月24日访问。

② 《波兰公布欧盟基金使用情况》，中华人民共和国商务部转引驻波兰经商参处，2015年1月8日，http://www.mofcom.gov.cn/article/i/jyjl/m/201501/20150100860911.shtml，访问时间：2017年9月24日访问。

项目总预算约为47亿欧元，用于支持青年人就业和教育改革，使教育与市场需求之间挂钩。第三个重点项目是“东部波兰”。该项目总投资额为20亿欧元，用于支持瓦尔明斯克－马祖里、波德拉谢、卢布林、下喀尔巴阡山、圣十字等省和地区的企业提高创新能力和竞争力，发展东部地区交通网络建设。

## 二　欧盟外交政策和机制

欧盟的对外政策主要包括：针对准入国和候选国的“准入前战略”（Pre-Accession Strategy）、“稳定化与联系进程”（Stabilization and Association Process）、“欧洲睦邻政策”（European Neighborhood Policy，简称ENP）、“东部伙伴关系”（Eastern Partnership）、“欧盟中亚战略”（EU Strategy for Central Asia）以及“欧盟与俄罗斯战略伙伴关系”（EU's Strategy Partnership with Russia）等。

欧盟实现对外政策的主要资金机制包括：针对土耳其和西巴尔干地区的“准入前协助工具”（Instrument for Pre-Accession Assistance，简称IPA）、针对东南欧国家的“欧洲睦邻及伙伴关系工具”（European Neighborhood and Partnership Instrument，简称ENPI）、针对中亚和高加索地区的“发展合作工具”（Development Cooperation Instrument，简称DCI）、“稳定工具”（Instrument for Stability，简称IS）等。此外，在双边基础上，为获得更多的欧盟资金，欧洲复兴开发银行联合其他欧洲金融机构，以“赠款—贷款”混合方式联合投资，如“西巴尔干投资框架”（Western Balkans Investment Framework，简称WBIF）、“睦邻投资便捷项目”（Neighborhood Investment Facility，简称NIF）以及“中亚投资便捷项目”（Investment Facility for Central Asia，简称IFCA）等。

### （一）“准入前战略”和“准入前协助工具”

“准入前战略”是欧盟为每个候选国入盟前制定的框架。“准入前战

略”规定了这一进程所依据的程序和优先项包括：[①]

- 欧盟与候选国之间的双边协定；
- 准入国伙伴关系、欧盟伙伴关系；
- 参与欧盟项目、机构、委员会；
- 准入前援助；
- 政治对话；
- 委员会评价。

为实现“准入前战略”，欧盟设立“准入前协助工具”，通过财政和技术援助，支持候选国循序渐进地“迈入”欧盟。2007～2013 年，IPA 的预算规模约为 115 亿欧元。2013 年“改版”后，2014～2020 年 IPA II 的预算规模为 117 亿欧元。[②]

在“准入国协助工具”框架下，2018 年欧委会对西巴尔干地区的国家实施“优异边线”额外奖励方法，即表现好的国家有机会获得更多的欧盟资助。塞尔维亚和阿尔巴尼亚获得的赠款最多，分别为 3400 万欧元和 2000 万欧元。北马其顿、黑山和科索沃地区得到的奖励性赠款分别为 1000 万欧元、600 万欧元和 800 万欧元。[③]

近年来，西巴尔干地区成为 EBRD 关注转型的重点地区。西巴尔干国家包括塞尔维亚、克罗地亚、阿尔巴尼亚、波黑、黑山、北马其顿、科索沃等国家和地区，其中克罗地亚已于 2013 年加入欧盟，具体情况参见表 5－2。

---

① European Commission, “Pre-accession Strategy”, https://ec.europa.eu/neighbourhood－enlargement/policy/glossary/terms/preaccession－strategy_en，访问时间：2019 年 12 月 13 日。

② European Commission, “Overview-Instrument for Pre-accession Assistance”, https://ec.europa.eu/neighbourhood－enlargement/instruments/overview_en，访问时间：2019 年 12 月 13 日。

③ European Commission Directorate General Neighbourhood and Enlargement Negotiations － DG NEAR, “2018 Annual Activity Report”, Ref. Ares (2019) 2267237, 29 March 2019, p. 20.

表 5-2　西巴尔干地区“欧盟准入进程”状况汇总（截至 2019 年 12 月 31 日）

| 候选国 | 入盟申请 | 欧盟候选国 | 开启入盟谈判 | 目前状态 |
|---|---|---|---|---|
| 克罗地亚 | | | | 2013 年成为欧盟成员国 |
| 塞尔维亚 | 2009 | 2012 | 2014 | 进行中 |
| 阿尔巴尼亚 | 2009 | 2014 | — | 被拒（2019 年 10 月） |
| 北马其顿 | 2004 | 2005 | — | 被拒（2019 年 10 月） |
| 黑山 | 2008 | 2010 | 2012 | 进行中 |
| 波黑 | — | — | — | — |

资料来源：笔者整理。

2018 年 2 月，欧盟委员会通过了针对西巴尔干地区的新战略。这份题为《西巴尔干：可信的扩大前景以及加强与欧盟联系》[①] 的新扩大战略强调，欧盟视该地区为睦邻友好，尤其涉及已经开启入盟谈判的塞尔维亚和黑山两国。新战略包括法治、安全和移民、社会经济发展、交通和能源连通、数字化计划、和解和睦邻友好等六个方面的倡议，并制定了 2018 年和 2019 年的具体行动计划。

塞尔维亚认为，欧盟新扩大战略给西巴尔干国家在进行入盟改革、解决共同问题等方面提供了重要机遇。塞尔维亚于 2009 年提出入盟申请，2012 年获得欧盟候选国地位，2014 年开启入盟谈判。黑山认为，新扩大战略传递了清晰的信息，即西巴尔干国家的入盟前景仍然可期。[②] 黑山于 2008 年提出入盟申请，2010 年获得欧盟候选国地位，2012 年启动入盟谈判。北马其顿和阿尔巴尼亚分别于 2005 年和 2014 年成为欧盟候选国。2018 年 6 月，欧盟将两国的入盟谈判启动时间设定为 2019 年 6 月。然而，在 2019 年 10 月 17 日举行的欧盟领导人峰会上，两国的入盟谈判遭到法国、丹麦、荷兰等国的反对。法国总统埃马纽埃尔·马克龙

① European Commission, "A Credible Enlargement Perspective for and Enhanced EU Engagement with the Western Balkans", Strasbourg, 6 February 2018, COM (2018) 65 final.

② 2006 年，黑山正式成为一个主权国家。

(Emmanuel Macron) 强调，在新成员加入前，欧盟应进一步完善相关程序。[①] 荷兰反对阿尔巴尼亚的候选国资格，并对欧盟委员会的评估报告提出质疑。[②]

## (二) 欧洲睦邻政策

欧盟的“欧洲睦邻政策”(ENP) 始于 2003 年。该政策的目标是，在推广欧洲民主、法治、人权等价值观基础上，促进伙伴国的繁荣、稳定和安全，避免扩大后的欧盟与其邻国之间出现新的边界线。

“阿拉伯之春”(Arab Spring) 事件之后，2011 年欧盟对 ENP 进行了重新评估。在广泛征询伙伴国家、国际组织、社会伙伴、市民社会和学术界等的意见后，欧盟于 2015 年 11 月 18 日发布修订后的“新欧洲睦邻政策”。在欧洲复兴开发银行方面，经欧洲理事会、二十国集团以及埃及、约旦、摩洛哥和突尼斯等四国呼吁，2012 年 9 月，欧洲复兴开发银行将其业务扩展到地中海东岸、南岸。[③]

在新版 ENP 中，欧盟将伙伴国家的政治、经济和安全等相关领域的稳定性作为追求的目标。此外，新欧洲睦邻政策着重强调了两项原则。一是差异性原则，即欧盟对伙伴国采取区别对待的态度，尊重伙伴国的不同愿望，更好地兼顾欧盟和伙伴国的利益；二是增加伙伴国和成员国的所有权。[④]

新欧洲睦邻政策覆盖 16 个国家。其中，南部伙伴包括阿尔及利亚、埃及、以色列、约旦、黎巴嫩、利比亚、摩洛哥、巴勒斯坦（加沙/约旦

---

① “France against Accession Talks for North Macedonia, Albania”, *EUobserver*, 11 October 2019, https: //euobserver. com/tickers/146237，访问时间：2020 年 1 月6 日。

② 《两个巴尔干国家入盟被拒，欧盟进入“扩张疲劳”期》，《参考消息》2019 年 10 月 19 日。

③ EBRD, “Annual Report 2014”, 15 May 2015, p. 1 以及 EBRD, “About the SEMED”, https: //www. ebrd. com/about - the - semed - region. html，访问时间：2020 年 1 月 6 日。

④ European Commission, “European Neighbourhood Policy”, https: //ec. europa. eu/neighbourhood - enlargement/neighbourhood/european - neighbourhood - policy_ en，访问时间：2020 年 2 月 11 日。

河西岸）、叙利亚和突尼斯等 10 个国家。东部伙伴则包括乌克兰、摩尔多瓦、格鲁吉亚、亚美尼亚、阿塞拜疆、白俄罗斯等 6 个国家。

执行欧洲睦邻政策的大部分资金来自“欧洲睦邻工具”（European Neighbourhood Instrument，简称 ENI）。该资金来源主要是欧盟各国的财政资金。2014 ~ 2020 年，欧盟通过“欧洲睦邻工具”向 16 个伙伴国家提供 154 亿欧元的财政资金。[①] 2007 ~ 2013 年，欧盟通过 ENI 为南部地区提供了总计超过 90 亿欧元的财政资金。[②]

在东部，欧盟与六个东部伙伴关系的总体指导框架由相关双边协议提供，如联系国协议、联盟议程、伙伴关系优先事项等以及欧盟委员会和欧洲对外行动署共同制定的 2020 年需完成的 20 项优先议题。

欧盟支持东部伙伴的资金主要来源于“睦邻投资便捷项目”（Neighbourhood Investment Facility，简称 NIF）机制。欧盟“睦邻投资便捷项目”用于支持交通、能源、金融、社会和环境等行业的基础设施项目投资。资金来源主要包括欧盟赠款以及欧洲其他融资机构的贷款。NIF 涵盖的地区包括欧洲睦邻政策中的东部伙伴国家和南部伙伴国家。2016 年，欧洲复兴开发银行执行“欧洲睦邻工具”中的资金约为 1.26 亿欧元，项目包括覆盖东部伙伴国家的“小微企业支持项目二期”，针对格鲁吉亚、乌克兰和摩尔多瓦三国的“深入、全面自由贸易区项目”以及针对摩洛哥和突尼斯的“金融包容性计划”和“与欧盟兼容的贸易竞争计划”等项目。

根据行动的性质，欧盟与东部伙伴国在双边和区域层面上进行合作。双边对话是通过“联系国理事会”展开。多边对话则通过主题平台、东部伙伴关系小组来进行展开。2014 ~ 2020 年，欧盟计划通过 ENI 框架，向东部伙伴提供 7.4 亿至 9 亿欧元的资金，用于支持可持续性发展、改善

① European Commission，“European Neighbourhood Policy”，https://ec.europa.eu/neighbourhood - enlargement/neighbourhood/european - neighbourhood - policy_ en，访问时间：2020 年 2 月 11 日。

② European Commission，“Southern Partnership”，https://ec.europa.eu/neighbourhood - enlargement/neighbourhood/southern - neighbourhood_ en，访问时间：2020 年 2 月 11 日。

环境、提高基础设施和能源网络建设等项目。[①] 2020 年，欧盟通过 ENI，用于东部伙伴国的资金预计为 4300 万欧元。[②]

东部伙伴国家还参与欧委会对所有国家开放的倡议，如欧洲“睦邻投资便捷项目”、文化和学术交流的伊拉斯莫计划（Erasmus +）、技术支持与信息交换工具（Technical Assistance and Information Exchange Instrument，简称 TAIEX）、加强行政部门合作的工具 Twining、加强财务审计合作的工具 SIGMA 以及“跨境合作计划”等。

## （三）欧盟其他地区政策[③]

在中亚地区，为建立一个共享价值观的区域，欧盟于 2007 年推出《中亚战略》。该战略覆盖的范围包括哈萨克斯坦、吉尔吉斯斯坦、土库曼斯坦、乌兹别克斯坦、塔吉克斯坦等五个中亚国家。[④] 2017 年，欧盟和中亚五国同意将《欧盟全球战略》（EU' Global Strategy）和《联合国可持续发展目标》（UN Sustainable Development Goals，简称 SDGs）的内容融入《中亚战略》。[⑤] 为促进欧盟与中亚、阿富汗之间建立更紧密的互联互通性，2018 年 10 月 18 日，欧盟通过推出《欧盟欧亚互联互通战略》

---

① European Commission，“European Neighbourhood Instrument (ENI) Regional East Strategy Paper (2014 – 2020) and Multiannual Indicative Programme (2014 – 2017)”, Decision C (2014) 5200, Brussels, 28 July 2014, http: //www. eeas. europa. eu/archives/docs/enp/pdf/financing – the – enp/regional_ east_ summary_ of_ the_ strategy_ paper_ 2014_ 2020_ and_ multiannual_ indicative_ programme_ 2014_ 2017_ en. pdf，访问时间：2019 年 11 月 2 日。

② European Commission，“On the Annual Action Programme in Favour of ENI East and South Countries for a Regional Communication Programme Phase III to Be Financed from the 2019 General Budget of the European Union”, Decision C (2019) 7990 final, Brussel, 11 May 2019, https: //ec. europa. eu/neighbourhood – enlargement/sites/near/files/c2019_ 7990 – cid. pdf，访问时间：2019 年 11 月 2 日。

③ 鉴于本书的研究对象为欧洲复兴开发银行，本部分包括的地区仅为该行与欧盟有交叉的地区。欧盟在世界其他地区的战略和政策就不在此赘述了。

④ European Union External Action Service，“Central Asia”，17 May 2016，https: //eeas. europa. eu/headquarters/headquarters – homepage/2068/central – asia_ en，访问时间：2019 年 11 月 2 日。

⑤ Council of European Union，“Council Conclusions on the EU Strategy for Central Asia”，19 June 2017，COEST 142 CFSP/PESC.

（EU's Strategy on Connecting Europe and Asia，简称《欧亚战略》）。《欧亚战略》将为欧盟《2020～2027年援助规划》的编制提供指南。[①]

欧盟《中亚战略》涵盖的领域包括政治对话、人权对话和发展合作等。在合作领域，欧盟与中亚五国从能源、基础设施、环境、水资源、交通、法治、经贸、教育等全方位展开活动。在能源领域，欧盟希望将其重点打造的"南溪"天然气管道工程延伸到中亚地区。在2014～2020年，欧盟采用差异性方法（differentiated approach），通过"发展合作工具"（Development Cooperation Investment）机制，为中亚地区提供的资金规模达10亿欧元。欧盟是该地区的最大捐助国。[②]

西巴尔干地区[③]被欧盟视为符合欧洲一体化价值观、稳定、富强的未来地缘投资之地。当前欧盟文件中的西巴尔干主要包括塞尔维亚、波黑、北马其顿、黑山、阿尔巴尼亚和科索沃等6个国家和地区。2018年初，让·克劳迪·容克领导的欧盟委员会推出欧盟"新《西巴尔干战略》"。在《为欧盟扩大、增进欧盟与西巴尔干国家和地区接触》（*A Credible Enlargement Perspective for and Enhanced EU Engagement with the Western Balkans*）文件中，欧盟制定了包含六个代表共同利益领域在内的行动计划，即法治、安全与移民、社会与经济发展、交通与能源、数字化、和解与睦邻等。[④] 行动计划的执行期为2018～2020年。具体行动计划包括：

---

① European Union External Action Service, "Factsheet: EU－CENTRAL ASIA RELATIONS", November 2018, https://eeas.europa.eu/sites/eeas/files/2.factsheet_ on_ eu－central_ asia_ relations.nov_ .18.pdf，访问时间：2019年11月2日。

② European Union External Action Service, "Factsheet: EU－CENTRAL ASIA RELATIONS", November 2018, https://eeas.europa.eu/sites/eeas/files/2.factsheet_ on_ eu－central_ asia_ relations.nov_ .18.pdf，访问时间：2019年11月2日。

③ 在20世纪90年代的欧盟文件中，西巴尔干包括塞尔维亚、克罗地亚、波黑、马其顿、黑山和阿尔巴尼亚等国以及科索沃地区。2013年克罗地亚于加入欧盟后，欧盟文件中的西巴尔干主要指代塞尔维亚、波黑、北马其顿、黑山、阿尔巴尼亚和科索沃等6个国家和地区。

④ European Commission, "Commission Adopts a Credible Enlargement Perspective for the Western Balkans Countries", 6 February 2018, https://ec.europa.eu/commission/news/strategy－western－balkans－2018－feb－06_ en，访问时间：2020年2月20日。

通过成立联合调查组和欧洲边境及海岸警卫队、加强安全和难民领域合作；将欧盟能源联合体扩展到西巴尔干地区；降低漫游费、开通地区宽带服务等。新《西巴尔干战略》指出，欧盟将积极推进阿尔巴尼亚和北马其顿两国的入盟谈判，会在收到波黑全面而完整的入盟资格评估后开始考虑波黑的入盟申请。波黑正努力成为欧盟候选国。

实施“西巴尔干战略”、支持该地区国家加入欧盟以及实施相关的市场转型需要足够的资金。欧盟计划通过现有的“准入前协助工具”，逐渐提高对西巴尔干地区的投资规模。为在西巴尔干地区实现战略目标，欧盟通过投放“复兴、开发与稳定援助计划”和“准入前协助工具”等援助机制，推动该地区的社会发展。同时，欧盟通过设立“西巴尔干投资框架”这种公私混合投资机制，拉动私人资本进入该地区。2000～2006年，欧盟通过“复兴、开发与稳定援助计划”共提供援助赠款46亿欧元，用于西巴尔干民主稳定、经济和社会发展。2007年，该计划后来被“准入前协助工具”取代。“准入前协助工具”第一期（2007～2013年）的预算总额为115亿欧元。目前，“准入前援助工具”已进行到第二期（2014～2020年），预算规模为117亿欧元。在2007～2017年，该机制在西巴尔干地区的资金援助规模已达近90亿欧元。仅2018年一年，欧盟利用该资金工具支持西巴尔干地区的资金已达10亿欧元。

## 三　EBRD与欧盟的合作

欧洲复兴开发银行是欧洲一体化发展的产物。为应对20世纪90年代欧洲出现的巨变，欧洲共同体（即欧盟前身）成员国一致同意建立一个用于扶持中东欧国家政治、经济转型的多边性开发银行。1991年，欧洲复兴开发银行应运而生。如本书第二章第三部分所述，和欧洲投资银行不同，欧洲复兴开发银行不是欧盟的官方机构，而是欧盟的合作伙伴。在欧盟内政、外交政策的指导下，EBRD在37个国家和地区进行项目、政策对话和技术支持等投资与咨询服务。

在欧洲复兴开发银行总股本资本中，欧盟占比3%。欧盟、欧洲投资银行（EIB）和欧盟成员国总共在欧洲复兴开发银行总股本资本的占比达到 62.8%。

欧盟是欧洲复兴开发银行最大的单一捐助方。自 EBRD 成立以来，欧盟在 EBRD 获得的捐赠资金总额中约占 40%。2019 年，欧洲复兴开发银行从欧盟获得的捐款超过 3.78 亿欧元，[①] 占 EBRD 接受项目捐款总额的 50%。[②] 与两年前相比，EBRD 获得捐赠资金的渠道更多。2016 年，欧洲复兴开发银行从欧盟获得的捐赠资金约为 2.89 亿欧元，占该行当年获赠资金总额的 2/3。

在欧洲复兴开发银行投资的非欧盟国家项目中，来自欧盟的资金渠道主要包括：用于土耳其和西巴尔干地区国家在内的“准入前协助工具”、用于欧洲东部和南部国家的“欧洲睦邻工具”以及用于中亚国家的“发展合作工具”。

在欧洲复兴开发银行投资的欧盟成员国项目中，来自欧盟的资金渠道主要包括：“欧洲聚合基金”、“结构改革支持计划”以及“地平线 2020 计划”等。除在双边基础上获得欧盟资金外，欧洲复兴开发银行还积极参与地区混合融资机制，该机制将赠款与欧洲金融机构的投资结合起来。欧盟的地区信托基金“Madad Fund”为欧洲复兴开发银行提供赠款，以支持该行应对难民计划下的项目。

欧盟在政策对话项目上的支持，对欧洲复兴开发银行的运作至关重要。在欧洲复兴开发银行开展业务的许多国家，欧盟是推动当地改革的一支规制性力量。作为合作伙伴，EBRD 与欧盟机构就当前和即将出台的政策开展合作，这些政策与气候、环境问题和《维也纳倡议 2.0》等有关。《维也纳倡议 2.0》的宗旨是建立一个资本和流动性充足、涵盖公私部门在内的银行业平台。

欧盟的资金是通过赠款、“贷款 + 赠款”混合等多种方式投资项目

---

① 包括通过西巴尔干投资框架下的基础设施项目融资获得的资金。

② European Bank for Reconstruction and Development, “EU: EBRD Shareholder Profile”, https://www.ebrd.com/who-we-are/structure-and-management/shareholders/european-union.html，访问时间：2020 年 12 月 20 日。

的。除上述“欧洲结构与投资基金”内的五个基金机制外，大多数欧盟项目是通过“赠款+贷款”混合方式获得投资的。

### （一）赠款投资方式

近年来，在“欧洲结构与投资基金”（ESIF）框架下，欧洲复兴开发银行和欧盟通过其他“金融工具”展开合作。在“金融工具”框架里，截至目前，欧洲复兴开发银行已经与塞浦路斯和保加利亚两国签署《伙伴关系协定》。其中，欧洲复兴开发银行管理的 ESIF 基金分别用于支持当地中小企业和加强对水资源行业的投资。例如，2018 年 10 月，欧洲复兴开发银行与保加利亚金融工具基金管理公司（Fund Manager of Financial Instruments in Bulgaria）共同签署运营协定（Operational Agreement，简称 OA），为保加利亚鲁塞市（ROUSSE）的市政供水和卫生基础设施项目提供 870 万欧元贷款。其中，EBRD 提供 590 万贷款，欧盟在“欧洲结构与投资基金”下，通过保加利亚金融工具基金管理公司，提供 280 万欧元贷款资金。该项目已于 2019 年 12 月 11 日获得欧盟的批准。①

欧洲复兴开发银行在欧盟成员国的项目也受益于欧洲结构与投资基金（ESIF）提供的资金。“结构性改革支持计划”（Structural Reform Support Programme，简称 SRSP）为所有欧盟成员国的机构能力、公共行政和促进增长的改革计划提供“量身定制”的赠款投资机制。在该计划下，欧洲复兴开发银行与欧盟已合作开展 30 多个项目，总金额达 610 万欧元。②

“地平线 2020 计划”（Horizon 2020）是欧盟最大的研究和创新项目。2018 年，欧盟和欧洲复兴开发银行同意合作开展一个试点项目，旨在帮助保加利亚、拉脱维亚和罗马尼亚的创新型中小微型企业。

“欧洲复兴开发银行－乌克兰稳定与可持续增长多方捐助者账户”基金（EBRD-Ukraine Stabilisation and Sustainable Growth Multi-Donor Account）

---

① European Commission, “ESIF: Rousse Water Subproject”, https: //www. ebrd. com/work - with - us/projects/psd/esif - rousse - water - subproject. html，访问时间：2020 年 2 月 20 日。

② EBRD, “EU: EBRD Shareholder Profile”, https: //www. ebrd. com/who - we - are/structure - and - management/shareholders/european - union. html，访问时间：2020 年 2 月 16 日。

是一个多边捐赠机制。欧盟是最大捐助方，赠款规模达 1870 万欧元。该基金不仅为乌克兰稳定经济、实施改革提供所需的资金，而且还为欧洲复兴开发银行在该国的投资铺平道路。该基金的捐助方包括：欧盟、丹麦、芬兰、法国、德国、意大利、日本、荷兰、挪威、波兰、瑞典、瑞士、英国和美国等。

在核安全领域，欧盟也是欧洲复兴开发银行管理基金的最大出资方。截至 2019 年底，欧盟的捐助资金已达 23 亿欧元。由 EBRD 管理的基金包括“切尔诺贝利避难基金”（Chernobyl Shelter Fund）和“北部环境伙伴基金”（Northern Environmental Partnership Fund，简称 NEPF）。“北部环境伙伴基金”汇集了来自捐助国政府和欧盟的财政资金，支持北部地区优先环境和核安全项目的赠款。该基金的捐助者是欧盟和 12 个国家。这些国家包括白俄罗斯、比利时、加拿大、丹麦、芬兰、法国、德国、荷兰、挪威、俄罗斯、瑞典和英国等。自 2002 年成立以来，该基金获得的赠款资金已逾 3.48 亿欧元。欧盟是最大的出资方。欧洲复兴开发银行是该基金的管理方。

“切尔诺贝利避难基金”于 1997 年在欧洲复兴开发银行设立，用以帮助乌克兰切尔诺贝利核泄漏事故后，在该国建立稳定和环境安全的临时避难所。为实现目标，切尔诺贝利避难基金为符合“避难执行计划”的项目提供资金。该计划为乌克兰最终拆除污染源和拆除受污染的建筑物创造了条件。

1997 年成立“切尔诺贝利避难基金”的倡议是由七国集团政府、欧盟委员会和乌克兰牵头，在七国集团首脑会议上宣布的。此后，许多国家纷纷加入该基金。目前，该基金的正式成员包括奥地利、比利时、加拿大、中国、捷克、丹麦、欧盟、芬兰、法国、德国、希腊、爱尔兰、意大利、日本、哈萨克斯坦、科威特、卢森堡、荷兰、挪威、波兰、俄罗斯、西班牙、沙特阿拉伯、瑞典、瑞士、乌克兰、英国和美国等国。[①] 为基金捐款的国家包括阿根廷、澳大利亚、阿塞拜疆、克罗地亚、爱沙尼亚、匈牙利、

① EBRD，“Chernobyl Shelter Fund”，https：//www.ebrd.com/what－we－do/sectors/nuclear－safety/chernobyl－shelter－fund.html，访问时间：2020 年 2 月 20 日。

冰岛、印度、以色列、韩国、列支敦士登、立陶宛、葡萄牙、罗马尼亚、斯洛伐克、斯洛文尼亚和土耳其等。截至2019年底，设立在欧洲复兴开发银行的“切尔诺贝利避难基金”已从45个国家（包括中国）收到16亿欧元捐赠资金。欧洲复兴开发银行共提供4.8亿欧元自有资源，支持在切尔诺贝利实施新的安全隔离和避难所计划项目。①

在性别平等和支持小微企业项目上，欧盟和EBRD合作较多。欧盟也是众多双边项目中较大的出资方。2014年，欧洲复兴开发银行和欧盟共同在土耳其启动了“商界妇女计划”（Business Women Programme），用于帮助女性领导的中小企业获得更多的融资和咨询服务。为此，欧盟承诺出资3230万欧元，土耳其政府承诺出资570万欧元。2014年，欧盟出资2430万欧元建立了“欧盟－欧洲复兴开发银行能效与可再生能源”援助项目（EU－EBRD Energy Efficiency and Renewable Energy Support Programme）。该项目旨在通过多渠道融资、政策对话和技术合作，推动可持续性能源行业发展。目前，这两个项目均被置于之前提到的欧盟“准入前协助工具”（IPA）框架里。

欧洲复兴开发银行支持欧盟发展小微企业。② 自1993年以来，欧盟通过“小微企业咨询项目”已为该项目提供了所需资金规模的1/3。截至2016年底，欧洲复兴开发银行已在26个国家为近1.6万个小微企业提供了总计约3亿欧元的援助资金，为这些企业创建了一个更健康、更有前景的商业环境。③

“小微企业咨询项目”年度执行概况（2016年）：

在项目完成一年后，欧洲复兴开发银行对受资助项目的整体评估情况

① EBRD，“Chernobyl Shelter Fund”，https：//www. ebrd. com/what－we－do/sectors/nuclear－safety/chernobyl－shelter－fund. html，访问时间：2020年2月20日。

② EBRD，“Advice for Small Businesses：Overview”，http：//www. ebrd. com/work－with－us/advice－for－small－businesses/overview. html，访问时间：2020年2月20日。

③ EBRD，“Advice for Small Businesses：Overview”，http：//www. ebrd. com/work－with－us/advice－for－small－businesses/overview. html，访问时间：2020年2月20日。

如下：

- 74%的受益企业增加了营业额；
- 51%的受益企业提供了新的就业岗位，仅2016年内，所有受资助企业新增工作岗位近8000个；
- 25%的受益企业在其他外部资金的帮助下持续增长。

"小微企业咨询项目"市场发展：

多年以来，欧洲复兴开发银行为众多小微企业的市场发展方面提供咨询服务，其中：

- 以年均20%的增速扩大咨询辐射网络，目前，EBRD通过该项目已建立了近6000个服务机构；
- 培养一批拥有核心能力的咨询顾问；
- 在能源和资源效用等领域引进新颖、成熟的服务项目；
- 协助吉尔吉斯斯坦、蒙古国等国家以及俄罗斯的远东地区建立本地商会。①

## （二）"赠款+贷款"混合投资方式

除在双边基础上获得欧盟资金外，欧洲复兴开发银行还积极参与欧盟区域、外交政策下的融合机制，将欧盟、成员国的赠款与来自其他金融机构的贷款结合起来。

"睦邻投资平台"（Neighbourhood Investment Platform，简称NIP）是通过将欧盟赠款资源与欧洲发展融资机构贷款相结合的混合型投资工具。该机制支持交通、能源、金融、社会和环境等领域的基础设施项目。NIP的资金使用集中在欧盟东部伙伴关系国家和地中海东岸、南岸地区（SEMED）。2018年，欧洲复兴开发银行从NIP收到1.26亿欧元，用于支持摩尔多瓦—罗马尼亚电力互联项目、为提高气候韧性的格鲁吉亚Enguri

① EBRD，"Advice for Small Businesses：Overview"，http：//www. ebrd. com/work－with－us/advice－for－small－businesses/overview. html，访问时间：2020年2月20日。

水电站升级改造项目、约旦污水处理厂扩建项目、埃及固体废料和排水设施重建项目以及格鲁吉亚危险废料处理项目等。

欧盟为应对叙利亚危机而设立的地区信托基金——马达德基金（MADAD Fund）致力于满足叙利亚难民对教育、经济和社会等方面的需求，同时，为缓解过度扩张的难民安置社区和当地政府提供支持。马达德基金捐赠欧洲复兴开发银行2000万欧元用于支持改进约旦West Irbid污水处理网络建设项目。

“中亚投资便捷项目”（Investment Facility for Central Asia，简称IFCA）是欧盟支持欧洲复兴开发银行在中亚开展活动的关键。项目涵盖的国家包括哈萨克斯坦、吉尔吉斯斯坦、塔吉克斯坦、土库曼斯坦和乌兹别克斯坦等五国。该机制旨在促进对能源、中小企业和社会其他行业的投资。自2010年以来，“中亚投资便捷项目”和欧洲复兴开发银行建立了牢固的伙伴关系。欧盟将“中亚投资便捷项目”资金中的90%以赠款和风险分担的贷款形式拨给欧洲复兴开发银行，用于中亚五国在市政基础设施、中小企业和能效等领域的投资。新投资的项目包括：土库曼斯坦小型企业咨询方案、吉尔吉斯水资源再生项目、吉尔吉斯可持续能效设施扩建项目以及塔吉克斯坦固体废料扩建项目等。2016年，欧盟“中亚投资便捷项目”和欧洲复兴开发银行之间签署了包含6个项目约5500万欧元的合作协议。这些援助项目用于支持城市基础设施建设、中小企业以及提高能效等方面的项目。欧盟和欧洲复兴开发银行于2015年首次在“亚洲投资机制”（Asia Investment Facility，简称AIF）下签署了合作协议。AIF为蒙古国的中小企业提供926万欧元援助，用于经济多元化发展。

“亚洲投资机制”也是混合型投资机制。2015年，在“亚洲投资机制”框架下，欧盟和欧洲复兴开发银行签署了第一个合作协议。如今，“亚洲投资机制”向EBRD提供的资金已达1675万欧元，用于支持蒙古国经济多样化，为中小企业提供融资贷款，投资位于首都乌兰巴托的固体废料处理现代化项目。

“西巴尔干投资框架”（WBIF）基金也是一个混合型投资机制。它通过技术援助、赠款+贷款和其他赠款等投资方式，支持西巴尔干地区六国的基础设施、旅游产业、中小企业等领域发展。它汇集来自欧盟、合作金融机构和20个双边捐助者的资源，用于数字化、能源、环境、社会和交通部门以及私营部门发展等项目上的投资。2016年，欧洲复兴开发银行在该地区的执行欧盟赠款项目已达1.44亿欧元，用于增强该地区国家之间能源和交通领域的互联互通。其中，欧洲复兴开发银行主导了两个规模分别为5000万欧元的赠款项目，包括北马其顿、阿尔巴尼亚电力体系和科索沃-塞尔维亚铁路枢纽等。在“地区能效计划”（Regional Energy Efficiency Programme，简称REEP）和“企业发展与创新便捷项目”（Enterprise Development and Innovation Facility，简称EDIF）方面，EBRD目前已筹集到所需资金的30%。[①] 2019年，“西巴尔干投资框架”成立10周年，该框架下收到超过10亿欧元的赠款用于加强区域一体化和互联互通。自启动至今，欧盟“西巴尔干投资框架”向欧洲复兴开发银行项目提供的赠款总额达4.31亿欧元。该框架下的双边捐助者有20个国家。其中包括奥地利、加拿大、捷克、丹麦、芬兰、法国、德国、希腊、匈牙利、爱尔兰、意大利、卢森堡、荷兰、挪威、波兰、斯洛伐克、斯洛文尼亚、西班牙、瑞典、英国等。欧洲复兴开发银行是“西巴尔干投资框架”基金的管理方。

“东欧能效与环境伙伴基金”（Eastern Europe Energy Efficiency and Environment Partnership，简称E5P）是瑞典2009年担任轮值主席国时发起的。该基金规模为2亿欧元，旨在用于促进地方政府在改善能效和环境项目上的投资，尤其是在能够减少东部伙伴关系国家温室气体排放的项目上。自2010年以来，该基金在乌克兰的项目运作较为顺畅，为该国各地的地区供暖和节能项目提供了超过1.12亿欧元的资金。2015年，该基金为亚美尼亚、格鲁吉亚以及摩尔多瓦等三国的项目提供了6800万欧元援助性融资。自2017年起，该基金在白俄罗斯开始运营。该基金的捐助国包括：欧洲联盟（最大捐助者，为7900万欧元）、亚美尼亚、白俄罗斯、

① Western Balkans Investment Framework，“Welcome to the Western Balkans Investment Framework”，https：//www.wbif.eu/，访问时间：2020年2月20日。

捷克、丹麦、爱沙尼亚、芬兰、格鲁吉亚、德国、冰岛、爱尔兰、拉脱维亚、立陶宛、摩尔多瓦、挪威、波兰、罗马尼亚、斯洛伐克、瑞典、乌克兰、美国和欧洲复兴开发银行技术合作基金。欧洲复兴开发银行是该基金的管理方。

“绿色经济融资便捷项目”（Green Economy Financing Facilities，简称GEFF）是一个由24个国家的130多家地方金融机构组成的网络运作，促进绿色经济的发展。该项目得到欧洲复兴开发银行近40亿欧元的资助。在该项目下，每年有12万多名客户总共减少近700万吨二氧化碳排放。通过“绿色经济融资便捷项目”，欧洲复兴开发银行向当地金融机构提供信贷额度，使它们能够为符合标准的绿色投资提供资金。该基金的设立为当地绿色经济发展提供了便捷的融资渠道。由银行家和技术项目经理组成的经验丰富的欧洲复兴开发银行团队确保了GEFF产品和服务的质量以及创新。此外，欧洲复兴开发银行还与运营国政府展开政策对话，协助该国的金融机构及其客户加强市场规范化运作。[①]

### （三）EBRD和希腊

希腊是欧洲复兴开发银行的创建成员国之一。迄今为止，希腊企业和银行已向欧洲复兴开发银行现有业务运营国家投资23亿欧元，重点在东南欧国家。根据《维也纳倡议》，在全球金融危机最严重的时候，欧洲复兴开发银行对希腊金融业在该地区的子公司予以支持。

2014年11月25日，希腊政府向欧洲复兴开发银行提出，要求被授予接受国地位。2015年2月2日，新政府再次确认了这一请求。欧洲复兴开发银行与希腊政府合作，共同为希腊制定国家战略，为其参与提供框架，并确定优先事项。欧洲复兴开发银行还打算在雅典开设一个办事处。

2015年，欧洲复兴开发银行开始在希腊展开阶段性投资，期限至2020年底。EBRD在希腊投资的目标主要有两个，一是帮助希腊企业重新

① EBRD，“Green Economy Financing Facilities”，https：//ebrdgeff. com/about - seff/，访问时间：2020年2月20日。

获得发展业务所需的融资；二是通过将私营部门的知识和资金引到能源部门和基础设施等领域，促进区域经济一体化发展。

自开展业务以来，EBRD 在支持希腊私营部门开发可再生能源、提高竞争力和加强地方经济的区域一体化等方面的投资规模急速增长。2015～2018 年，EBRD 向希腊经济投资了 16 亿欧元。希腊已经成为 EBRD 投资的第五大国家。一方面，这表明了欧洲复兴开发银行的能力，另一方面，也表明了 EBRD 对其创始成员国之一的国家——希腊的承诺。①

## 四 欧洲复兴开发银行与欧盟机构

### （一）欧洲复兴开发银行、欧洲投资银行与欧委会在欧盟以外地区和国家的合作领域及方式

欧盟委员会、欧洲投资银行和欧洲复兴开发银行，自 20 世纪 90 年代初以来长期合作。这种合作支持了中东欧国家向开放、市场为导向的经济转型以及为其迈向欧盟准入国或伙伴关系的进程提供了实质性帮助。

2016 年 5 月，欧委会和欧洲复兴开发银行、欧洲投资银行之间重新就欧盟以外地区、国家的合作签署备忘录。②

实际上，EIB 和 EBRD 拥有各自不同的成立章程和运行规范。EIB 是欧洲联盟的官方银行，主要目标是通过金融业务、促进欧盟的经济发展和一体化进程，其业务范围主要覆盖欧盟成员国、准入国地区以及睦邻国家等。

欧洲投资基金（European Investment Fund，简称 EIF）是由欧洲投资

① EBRD，“EBRD President Chakrabarti in Talks with Greek Authorities”，27 March 2018，http://www.ebrd.com/cs/Satellite?c=Content&cid=1395272866066&d=Tablet&pagename=EBRD%2FContent%2FContentLayout，访问时间：2020 年 2 月 20 日。

② “MEMORANDUM OF UNDERSTANDING between the European Commission，European Investment Bank and European Bank for Reconstruction and Development：in Respect of Cooperation outside the European Union”，19 May 2016，https://www.eib.org/attachments/mou_cooperation_outside_the_eu.pdf，访问时间：2018 年 11 月 20 日。

银行集团组建的欧洲金融机制，其目的是为上述国家的中小企业提供风险投融资。在企业培育、技术、创新和区域发展领域，EIF 促进了欧盟政策的有效执行。

EBRD 是一家针对中东欧地区转型的多边性开发银行，其业务覆盖的国家和地区包括：欧盟内部的中东欧成员国；西巴尔干地区和土耳其；东欧以及高加索国家；俄罗斯、中亚和蒙古国。

欧盟强调，加强 EIB 和 EBRD 两家银行间的协调将有助于推动欧盟实现其对外政策目标。这些目标被置于诸如“准入前战略”、“稳定化与联系进程”、“欧洲睦邻政策”、“东部伙伴关系”、“欧盟中亚战略”以及“欧盟与俄罗斯战略伙伴关系”等政策中。

这些政策也得到欧委会所管理的投资机制的支持，包括“准入前协助工具”、“欧洲睦邻工具”（European Neighborhood Instrument，ENI，之前为 ENPI）、“发展合作工具”、“稳定工具”等。由此，欧委会展开与 EIB、EBRD 以及其他欧洲金融机构之间的合作方式多种多样。除援助赠款外，欧盟大多数资金机制提供的是“赠款 + 贷款”的混合型资助方式，如“西巴尔干投资框架”、“睦邻投资便捷项目”以及“中亚投资便捷项目”等。

### （二）三方合作新谅解备忘录

自金融危机以来，EBRD 和 EIB 银行均面临较大的挑战。因此，欧委会、EIB/EIF 和 BBRD 于 2016 年达成新的谅解备忘录，欲在欧盟以外建立一个新的合作框架，增强两家银行间的协同能力以及它们与欧委会之间的信息交换和沟通能力。

新备忘录主要包含以下内容：[①]

① “Memorandum of Understanding between the European Commission, European Investment Bank and European Bank for Reconstruction and Development: In Respect of Cooperation outside the European Union”, 19 May 2016, https://www.eib.org/attachments/mou_cooperation_outside_the_eu.pdf.

**1. 主要原则**

- 为增进协同、扩大各自的核心权能和比较优势，在欧盟以外的国家，依据欧委会、EIB（与 EIF 一起）以及 EBRD 支持国际金融机构增强合作的原则，有必要加强相互间的协调，以推动欧盟政策的实施；
- EIB（与 EIF 一起）以及 EBRD 应提高“劳动力功能性”，专注于各自的专长；
- EIB（与 EIF 一起）以及 EBRD 间的职员应推动协作、开放、互信的文化，尽可能地促进各自管理层与公众之间的有效沟通。

**2. 章程和商业模式**

欧洲投资银行是欧洲联盟的官方银行，由 27 个成员国共同拥有。在欧盟之外，EIB 在理事会和欧洲议会的特别授权下或在符合其章程允许的风险范围之内运行。欧洲投资基金在理事会和欧洲议会、欧盟委员会、其他公共职能机构，或 EIB，或其风险范围内运行。EIB 的商业模式主要包含三个增值性支柱：①与欧盟政策一致，支持欧盟的优先目标即与伙伴国家的政策对话；②提供包括技术支持、经济、环境和社会评估以及政治条件性（conditionality）的项目；③EIB 为项目提供金融和非金融支持。EIB 利用为受益国提供低息融资的机会，撬动更多公、私部门的资金投入。

欧洲复兴开发银行的股东包括欧盟成员国、欧盟本身、EIB 以及非欧盟国家。被授权关注经济振兴与重建的 EBRD 鼓励中东欧国家向开放、以市场为导向的经济体制以及推进私有企业的方向转型。这些国家愿意并奉行多党民主、多元主义和市场经济等原则。EBRD 的商业模式建立在高风险、政策对话、政治条件、市场定价以及来自私营部门的杠杆融资下。

由于 EIB 和 EBRD 有不同的股东结构、章程和商业模式，这意味着两家银行需在备忘录框架下在业务运营国增进合作。

两家银行将在 EBRD 欧盟以外的运营国家，即本备忘录规定的范围内进行合作。

**3. 欧盟以外的 EIB－EBRD 合作框架**

EIB 和 EBRD 之间的合作框架依各自银行的章程和商业模式、遵从规定。

两家银行在欧盟以外国家的运营范围包括三个领域。①没有共同活动、合作的领域；②存在差异性侧重的领域：两家银行均有业务，但由于各自的核心业务不同而侧重各有不同；③战略合作领域：欧盟政策以及转型国家中的优先领域，在战略层面或项目层面的合作。

在指定的合作领域里，可能会涉及各自不同的授权范围，两家银行应紧密合作，在投资组合、项目联合融资层面上，以务实的方式，在各自授权和政策内进行早期信息交换，确定投资机会。

当 EBRD 或 EIB/EIF 确定特别项目时，当事缔约方应通知其他缔约方其融资项目之意。在此情况下，两家银行将以其特有知识、专长以及现有客户关系等为如何更好地服务于客户需求提供咨询。联合为项目提供融资是否恰当也将应纳入考虑范围。

在该语境下，如 EBRD 和 EIB/EIF 同意为项目提供联合融资，两家银行应对以下事务予以斟酌：①各自的标准，尤其是在诚信、透明度、公司治理、会计标准、环境和公共采购等方面；②向委托方联合提交建议书和联合计划的可能性；③采取“一方领投、共同进行审慎调查”方式的可能性。在联合投资项目里，两家银行应提供互惠性的透明度，在各自不同的参与度下，遵守定价政策和风险承受能力。

一旦特定项目的商业关系与缔约方之一得以确定，其他各方将不能阻碍该约定。

（1）没有共同活动、合作的领域

有些领域属于 EBRD 介入但 EIB 没有活动且至今尚无计划的：包括金融行业的直接投资（债务或股权），直接入股公司、贸易融资、核安全设施更新以及商业咨询。同时，也有些领域属于 EIB 有介入，但 EBRD 没有活动且至今尚无计划的：包括公共卫生、教育以及社会等领域。

银行改变业务领域的决定权属于各自的股东。不过，任何变化应事先在 EIB 和 EBRD 之间尽可能地讨论。

（2）侧重的领域

在下述领域里，两家银行虽然各有不同的关注点，但在运营战略的交叉部分可进行合作：

- 金融行业和中介金融："国际金融机构"（IFI）发布的联合行动计划已演示了在金融危机时进行良好合作的潜力。EBRD 将注重为金融机构、最终受益者的能力建设提供支持，以及通过金融中介服务实体经济，尤其是中小企业。EIB 关注的是通过金融中介为实体经济提供支持，尤其是中小企业。

因此，两家银行在该行业进行的合作将集中于：通过金融中介为实体经济提供支持，合作将主要限于行业层面。

- 公司：当对方遇到管理不足、需要共享专长或信用风险时可考虑联合投资。EBRD 将关注于转型（如支持当地企业和私有化投资，以及外国投资和较高风险的权益投资等），EIB 将不排他性地优先支持"欧盟对外直接投资上"（EU Foreign Direct Investment）以及针对私有化过程中的较大型投资项目（在其风险承受范围内或授权内）。

因此，该行业的合作将集中在支持对外直接投资上。在适当情况下，对较大型项目在项目层面进行联合融资。

- 基础设施（能源、环境、电信和交通）：EIB 将优先支持"泛欧网络"（Trans-European Networks，简称 TENs）延伸项目以及较大的基础设施项目；EBRD 将关注在较小、非主权的项目上，包括市政性基础设施，也支持具有转型影响力、较大的基础设施投资，如 TENs。

因此，该领域的合作将集中在 TENs 延伸项目和市政性基础设施项目上。

（3）战略合作领域

战略合作领域包括：

- 气候变化减缓和适应：它将继续成为战略合作的优先领域。鉴于在该领域积累的专长，包括支持可再生能源和能效项目，两家银行应考虑在业务开展国对气候变化减缓和适应项目予以优先合作。
- 能源安全：它正上升为欧盟的优先领域，因此，该领域需要 EIB

和 EBRD 继续合作，解决政治性、技术性复杂的项目。

在这些领域里，两家银行应紧密合作，为项目的联合融资进行各种适当的尝试。

（4）业务合作模式

两家银行建立的“联络小组”（Contract Group）每两个月进行信息交换，尤其是在所有领域涉及合作的项目的早期阶段。由此，各自业务部门将根据“初步信息说明”（Preliminary Information Notes，EIB）和“概念审核”（Concept Reviews，EBRD）要求，制定流程。

总体而言，在有协议约定进行联合投资的领域，“领投的国际金融机构”将在相关原则下在尽可能早的情况下予以确定；将原来负责该项目与推动者或借贷方已建立关系且在符合第 3 条规定的商业模式和各自授权范围内的银行纳入进来。在该框架下，保证 EIB 和 EBRD 各自在不同领域、联合投资的项目中发挥不同的作用。

在联合投资项目中，两家银行应努力帮助客户实现利益最大化，尤其是，在“领投银行”“共同依赖”（mutual reliance）约定下，以互惠方式，进行协调性的审慎尽职调查，并共享调查结果。

“共同依赖”是指两家银行共同认可的程序和标准，以及可能的话，尤其针对准入国的“标准协同化”（harmonization of standards，包括公共采购和环境）开发一套合作机制。该机制应被两家银行视为评估联合运营影响力和效率的关键因素。一家银行依赖项目进行尽职调查（除信用级别评估以外）应尽可能地考虑如何整合资源、利益最大化。联络人应负责此项事宜。

在不同服务领域进行良好合作是跨机构间合作的核心所在。为实现此目的，两家银行应提供充足的人力资源，进行项目评估、在约定的时间内提供资金、执行项目。此外，应积极推动员工交流，包括与欧盟委员会之间的。

以当地货币进行的潜在融资项目需与受益国探讨进一步合作的可能性。

**4. 协调与监督**

两家银行与欧委会一起组成一个由欧委会领衔的“执行委员会”，负责机构和业务间的总协调与监督，分享在政策支持方面能量最大化的经验、融资和赠款及基金信息等。该执行委员高层每年开两次会，以确保在与本备忘录执行相关的行业和区域事务上进行较好的合作。特别是，需要确定那些在合作中因缔约方政策和章程不同出现的、潜在的机遇和困难。

欧洲对外行动署（European External Action Service，简称 EEAS）的代表将被邀请参加执行委员会的会议。

凡时机恰当，在本备忘录所述范围内，执行委员会的成员与其机构的相关服务保持关系可被视为有利于促进合作。

运营性质的“联络小组”由两家银行派员组成，以便在两家银行间建立常规性业务合作，包括业务信息交换以及其他与执行本备忘录相关的业务。联络小组将定期向执行委员会汇报有关管道业务以及需要提及的特别业务。如需要，欧委会代表将受邀参加联络小组会议，尤其是涉及欧盟资金的金融业务时。

当授权资金分别来自欧盟预算、成员国或股东资金时，更需要优化协调效应、发挥杠杆作用。欧盟的“贷款 + 赠款混合机制”在不同地区为欧盟政策的执行带来显著的增值效应，增强了 EIB 和 EBRD 之间以及与其他欧洲金融机构间在管道、附带技术协助或赠款投资的联合融资等项目上的合作。

EIB 和 EBRD 加强合作不是为了获得赠款而相互竞争，而是将与欧委会一起确保赠款被有效、透明地使用。在此情况下，用于赠款的联合资金或协调的金融产品进而被视为优化欧委会、EIB 和 EBRD 三家组合后的资源，最大化地发挥其融资杠杆作用。

# 第六章

# 欧洲复兴开发银行与中国

近年来，中国在欧洲的商业活动剧增，与欧洲复兴开发银行的合作水到渠成。“一带一路”倡议涉及的国家有一半与欧洲复兴开发银行的目标国相重叠。考虑到欧盟自 2019 年起提高外资审查监管力度，中国与欧洲复兴开发银行之间的合作将面临考验。

## 一　加入欧洲复兴开发银行，开启双赢之路

2015 年 11 月 6 日，中国正式申请加入欧洲复兴开发银行。时任欧洲复兴开发银行董事总经理兼代理首席经济学家兰克斯表示，欧洲复兴开发银行董事会将会积极考虑中国加入该行的申请。12 月 14 日，欧洲复兴开发银行理事会通过接受中国加入该行的决议。

2016 年 1 月 15 日，中国国务院决定加入《欧洲复兴开发银行创建协议》，并接受欧洲复兴开发银行理事会通过的《关于中国成员资格的决议》。中国外交部部长王毅签署文件，外交部出具法律意见函，时任中国人民银行行长周小川签署股本认购函等函件。这意味着，中国加入欧洲复兴开发银行的相关法律程序已经完成，中国正式成为欧洲复兴开发银行成员。

2016 年 1 月，中国正式成为 EBRD 第 67 位股东成员。目前，中国已成为 EBRD 联合融资方，中国工商银行也成为 EBRD 银团贷款第三大投资方，中资企业在 EBRD 的采购招标中已赢得了超过 5 亿欧元的项目。①

① 《“一带一路”中亚投资论坛举办》，《经济日报》2018 年 11 月 14 日。

实际上，中国萌发加入欧洲复兴开发银行的意愿由来已久。但鉴于种种原因，在过去的几年当中一直无法如愿。而受债务危机和经济持续低迷的影响，欧洲内部出现严重的投资不足，急需外部资金提振经济。随着2015年“中欧经贸高层对话”“中欧领导人峰会”的召开，以及同年10月习近平主席成功访英，该议题被顺理成章地提到“桌面”上来。

### （一）合作的驱动力

在国际金融领域，近年来中国不断地在机制上寻求突破、创新，与国际多边开发银行的合作也已进入前所未有的深度和广度。如，中国人民银行和非洲开发银行联合设立“非洲共同增长基金”。该基金规模约20亿美元，目的是为非洲国家和地区的发展项目提供资金支持。此外，中国已成为泛美开发银行的正式成员。为推动地区间经济合作与增长，中国创新性地发起成立亚洲基础设施投资银行（以下简称“亚投行”）、金砖国家新开发银行，以及丝路基金。在人民币国际化方面，国际货币基金组织（IMF）也已于2015年11月批准人民币加入特别提款权（SDR）。欧洲复兴开发银行前任首席经济学家博格罗夫（Berglof）坦言，中国在金融领域的一系列机制创新填补了全球金融制度的建构缺失，在修复全球金融环境中，中国的领导作用得到了强化。[①]

中国在金融领域的创新符合中、欧双方的利益诉求。中欧在《中欧合作2020战略规划》（以下简称“中欧2020规划”）中强调，作为多极世界的重要力量，双方都肩负着维护世界和平、促进共同繁荣与可持续发展的责任。建立与欧洲复兴开发银行等多边金融机构的紧密联系，符合中国的发展战略规划，与国际经济接轨，与“一带一路”倡议兼容，发展亚洲投资开发银行。从欧盟方面看，在中长期内，受欧债危机之累，许多国家仍需从国际资本市场大量融资，吸引外国直接投资，提振经济，促进增长与就业。在中欧建交40周年之际，中国申请加入欧洲复兴开发银行

① 曹慧：《欧洲复兴开发银行，中国该不该加入?》，《世界知识》2015年第24期，第57～59页。

表明，中、欧均愿意借助对方的优势，形成合力，为深化互利合作提供机遇，进一步推动中欧全面战略伙伴关系向前发展。

## （二）欧洲复兴开发银行的特点

作为独立运作的多边性银行，欧洲复兴开发银行虽然不像欧洲投资银行那样是严格意义上的“欧盟机构”，但在一定程度上，它也肩负着执行欧盟对外与发展政策的任务。这种功能主要是通过欧洲复兴开发银行、欧盟委员会、欧洲投资银行之间签订“三方谅解备忘录”来安排实现的。在欧盟政策的指导下，欧盟委员会制定行动计划，设立专项资金，根据欧洲投资银行或欧洲复兴开发银行执行项目。如在中东欧地区的新成员国，欧盟通过结构性财政资金推动当地的经济转型。结构性财政资金包括欧洲地区发展资金、欧洲社会资金以及凝聚资金。在东、南部伙伴关系国家，欧盟则设立“欧洲睦邻工具”，通过欧洲复兴开发银行和欧洲投资银行等多边金融机构执行和管理项目，推广欧盟“软”实力。

从成立背景、覆盖地区可以看出，欧洲复兴开发银行具有极强的战略性和目的性。该行成立之初的主要目的是为支持中东欧国家入盟前的经济转型，加强其国际竞争力，振兴市场经济提供投融资服务。2006 年随着众多中东欧国家的入盟，经欧盟理事会批准，欧洲复兴开发银行将与欧洲投资银行一起对中东欧、俄罗斯、乌克兰以及高加索等地区的国家进行联合投资。2011 年，欧洲复兴开发银行将中东、北非地区纳入业务运营范围。为适应“阿拉伯之春”后的巨变，欧洲复兴开发银行应董事会要求，修改章程，将该行的投资范围扩大到地中海东、南岸国家，以帮助该地区向市场经济转型。这些国家主要包括埃及、突尼斯、摩洛哥、巴勒斯坦、约旦等经济行为体。同时，在新版“欧洲睦邻政策”下，欧盟和 EBRD 加大在公、私混合投资领域的合作力度。

转型和绿色是欧洲复兴开发银行的核心战略。2015 年 5 月，欧洲复兴开发银行发布“绿色经济转型”方法，将带来环境效益的投资置于其战略的核心。根据 EBRD 计划，到 2020 年，欧洲复兴开发银行的绿色投资将占投资总额的 40% 左右，当年用于绿色经济转型的投资将超过 40 亿欧元。2016～2020 年，EBRD 用于绿色经济转型的投资高达 180 亿欧元。[①] 从 2016 年起，欧洲复兴开发银行每年发布针对所有运营国在竞争力、良治、绿色、韧性和融入性等六个质量方面的跟踪与评估报告（参见本书第四章）。能源、金融业、基础设施和交通等行业是 EBRD 的投资重点领域。

欧洲复兴开发银行的战略定位是建立在服务欧盟内政、外交政策基础之上的。换句话说，欧洲复兴开发银行的投资意图必须符合欧盟的战略部署和政策要求，如欧盟 2020、2030、2050 战略以及欧洲睦邻政策、针对《巴黎气候协议》中提出的欧盟“国家自主贡献目标”等。

尽管如此，欧洲复兴开发银行仍具有完全的独立性和灵活性。这主要源自其运行模式的商业化，即大量从国际资本市场融资，并将投资聚焦在私营部门。据欧洲复兴开发银行年报统计，2018 年，该行共投资 95 亿欧元。其中，用于私营部门的投资占当年投资总额的 73%。[②] 这点与国际货币基金组织、欧洲投资银行等多边金融机构有本质的区别。这些机构的资金主要来源于政府财政。正如英国财政部在对 2011 年欧洲复兴开发银行修订章程进行评估时总结到，该行的主要投资对象是私营部门，而不是政府。虽然没有得到中国官方的确认，但欧洲复兴开发银行行长查克拉巴蒂表示，中国加入欧洲复兴开发银行主要是对其商业运作模式感兴趣。

此外，欧洲复兴开发银行还注重通过“政策对话”机制，与业务运营国政府部门保持沟通，在当地搭建制度建设平台，使欧盟的治理理念和价值观“生根发芽”。欧洲复兴开发银行报告显示，在乌克兰、西巴尔干地区等，该行通过所投能源项目，为当地可再生能源和能效方面的立法提供政策咨询。在吉尔吉斯斯坦，受欧洲复兴开发银行项目的影响，该国的能源立法也大多参照欧盟标准制定。欧洲复兴开发银行在《2014 年乌克兰“政策对话”评估报告》中强调，“政策对话”工具应在该行今后商业运行中得到加强，并逐渐成为该行的核心内容。

---

① EBRD，“Green Economy Transition”，9 May 2016.

② EBRD，“Annual Report 2018”，8 May 2019，p. 6.

## （三）“一带一路”对接“欧洲投资计划”

自2008年经济危机以来，在从乌兰巴托到华沙之间广袤的土地上，到处都需要投资和现代化基础设施。正如欧洲复兴开发银行董事总经理兼代理首席经济学兰克斯（Hans Peter Lankes）所强调的，世界各国政府除了要面对需求疲软的挑战，还要解决经济的长期瓶颈问题，其中一个重要部分就是基础设施。[①] 加强金融机构之间、资本市场的互通机制，以欧洲复兴开发银行（或欧洲投资银行）与亚投行为桥梁和纽带，开展亚、欧、非之间多形式、多渠道的投融资合作，共同打造互通、互联的亚欧大市场。

可以看到，欧洲复兴开发银行的业务不仅仅在中欧和东欧，而且还延伸到了北非、中东、中亚以及俄罗斯、蒙古国。这其中的大多数地区都是共建“一路一带”区域，所以加入 EBRD 符合中国“走出去”战略的目标。

中国加入 EBRD 是水到渠成的事。中国影响力在提高，而且包括美国、俄罗斯和日本在内的世界主要大国都已是该组织成员。从中国角度看，加入 EBRD 显示其正日益融入世界金融体系；从欧洲角度看，中国的加入无疑为金融危机后遭遇经济低潮期的欧洲增加投资渠道和合作机会。[②]

实际上，EBRD 是最早参与和支持“一带一路”倡议的国际组织之一。EBRD 的业务领域与“一带一路”倡议高度契合，EBRD 和中国在遵循市场规则和透明原则的基础上加强第三方市场合作，共促共建“一带一路”国家可持续、包容性增长。欧洲复兴开发银行和中国在东欧等地的业务范围有较多重合。中国政府认为，助推“一带一路”倡议与“欧洲投资计划”顺利对接，积极加入全球多边开发银行，符合中国的长期

① 《中欧合作再获新“支点”》，《人民日报》（海外版）2015年12月6日，第2版。

② 《中国为啥要进欧洲复兴开发银行》，新华网，2015年11月9日，http://money.163.com/15/1109/14/B801VU9O00254TI5.html，访问时间：2020年1月10日。

战略需求。无论从战略高度还是地理位置，欧洲复兴开发银行均与“一带一路”的构想具有多方面的“高度重合性”。EBRD 行长查克拉巴蒂在 2018 年“一带一路”中亚投资论坛上表示，EBRD 的业务领域与“一带一路”倡议高度契合，EBRD 愿与中国在遵循市场规则和透明原则的基础上，加强第三方市场合作，共促共建“一带一路”国家可持续、包容性增长。[①]

在业务契合、机制互通的需要下，中国申请加入欧洲复兴开发银行体现着双方信任程度的加深。首先，信任加深来自双方合作能力的提高。早在 2013 年签署《中欧 2020 战略》之际，中国与欧洲复兴开发银行合作的意愿已被明确列入其中。在贸易倚重度上，中欧互为最重要的贸易伙伴。在经济规模上，中国是世界第二大经济体和资本净输出国。如果将欧盟 28 个国家作为整体计算的话，其经济总量几乎相当于美国与中国之和。在金融领域，欧洲为人民币走向国际化提供了有力的支持。2010 年，欧洲复兴开发银行首次发行以人民币计价的欧元债券。2013 年，中欧之间达成双边本币互换作为流动性支持工具的安排，保障欧元区银行人民币的持续供应，促进人民币在跨境贸易和投资中的使用，促进中欧贸易和投资便利化，有利于金融稳定。据 Deallogic 数据统计，截至 2015 年 11 月底，欧洲各银行发行的人民币计价债券总规模达 27 亿元，是 2014 年的 5 倍，远高于以往任何一年。此外，中国也在积极帮助欧洲国家摆脱债务危机。自 2008 年以来，中国通过国际货币组织或向危机国家购买债券等间接、直接的方式为受危机困扰的欧盟国家提供资金。

签署《中欧 2020 战略》为中欧全面战略伙伴关系的向前发展奠定了基础。欧盟委员会前主席容克在 2015 年提出规模为 3150 亿欧元的“欧洲投资计划”［简称“容克计划”（Junker Plan）］。计划一出便首先得到了中国的支持。中国也是第一个对该计划表示支持的非欧盟国家。相应地，2015 年 12 月，亚洲基础设施投资银行成立后，欧洲复兴开发银行便向该

① 《“一带一路”中亚投资论坛举办》，《经济日报》2018 年 11 月 14 日。

行表示支持和合作意愿。随后，中欧经贸高层对话、“中欧领导人峰会”、习近平主席访英等一系列高层对话不断夯实中欧间的政治意愿基础，传递合作信息。

从互惠互利的角度来看，中国加入 EBRD 不但可以促使世界金融格局更加多元化，也会大大增强中欧合作的力度与广度。EBRD 接纳中国成为新的成员，这可能是欧洲遭遇金融危机后经济持续低迷的治病良药，会给急需外部资本提振经济的欧洲各国带来新的机会和希望。所以，中国加入 EBRD 是双赢之举，是中欧合作的一次更大机遇。

在市场培育、发展绿色金融、基础设施互联互通、能力建设、风险管理等方面进行合作，可以共同促进中亚地区的可持续发展。陈雨露表示，中亚是共建“一带一路”的重要区域，金融领域的互利合作是中国与中亚地区合作的重要组成部分。①

在金融领域，中国人民银行和 EBRD 金融管理部门已建立起密切的合作关系。中国人民银行和中亚地区很多国家的央行签署了本币互换协议，人民币与哈萨克斯坦货币、蒙古国货币已经在银行间外汇区域市场实现直接交易。同时，中资银行包括中国工商银行、中国银行等已经在中亚地区建立了分支机构或代表处。中亚地区的银行也在寻求通过合资的方式和中国金融机构达成合作。这为中国和中亚地区间的投融资合作兴旺发展奠定了坚实的基础。截至目前，中资银行已经向中亚地区百余个项目提供了融资服务，涉及采矿、油气、制造业等领域。丝路基金、中哈产能合作基金、中欧经济合作基金已经为中亚的发展提供了必要的融资。2017 年 11 月，中国财政部与包括欧洲复兴开发银行、欧洲投资银行等在内的 6 家多边开发银行共同签署“一带一路”合作谅解备忘录。六家多边开发银行达成共识，共同加大对基础设施和互联互通项目的支持力度，努力为“一带一路”构建稳定、多元、可持续的融资机制。为落实

① 《中国人民银行和欧洲复兴开发银行联合举办中亚投资论坛推动各方在“一带一路”框架下加强合作》，中华人民共和国中央人民政府网，2018 年 11 月 14 日，http://www.gov.cn/xinwen/2018-11/14/content_5340311.htm，访问时间：2018 年 12 月20 日。

上述领域务实合作，财政部还将联合多边开发银行设立多边开发融资合作中心。[①]

## （四）合作中的“变量”

尽管中国加入欧洲复兴开发银行受到广泛“热捧”，被认为会产生双赢效果，[②] 但是，我们还需要清醒地看到可能对未来产生影响的不利因素。

首先，欧洲复兴开发银行投资时采用的附加条件可能是未来合作的“绊脚石”。欧洲复兴开发银行在《创建协议》中被赋予的核心原则“多党制、民主化”是该行支持运营国向市场经济转型的政治前提。尽管近年来该行在东欧、中亚、高加索、地中海东岸和南岸等地区采取“区别对待”的灵活投资方式，但仍未改变采用附加条件的初衷。

其次，欧洲复兴开发银行的投资行为可能因欧盟政策的变化而受到影响。如 2014 年，受俄罗斯 - 乌克兰冲突影响，欧洲复兴开发银行决定不再在俄罗斯开展新业务。在此之前，俄罗斯是欧洲复兴开发银行投资最多的国家，该行累计在俄投资规模超过 240 亿欧元。再如，2011 年欧盟通过决议，将“因变而议”（Agenda for Change）原则嵌入其对外政策中。“因变而议”原则主要由两个支柱组成，即民主与良治，以及可持续性发展与包容性增长。由于此项原则的加入，欧盟对外政策将严格地把人权、民主和良治等因素作为对一个地区或国家是否有资格接受欧盟财政援助或投资的考核指标。作为欧盟政策的执行者之一，欧洲复兴开发银行也将毫无例外地遵守此项要求。

公平地说，欧洲复兴开发银行在“社会与环境评估”环节上的风险评估、信息公开、流程透明等方面处于国际同行的较高水平。虽然，该行的部分投资项目曾受到过来自非政府组织的批评，如在克罗地亚和斯洛文尼亚等国的发电站项目、吉尔吉斯斯坦金矿项目等。它们认为，这些项目

---

① 《财政部与包括欧洲复兴开发银行、欧洲投资银行等在内的 6 家多边开发银行共同签署“一带一路”合作谅解备忘录》，人民网，2017 年 5 月 15 日，http：//finance.people.com.cn/G8/nl/2017/0515/c1004 - 29275181.html，访问时间：2020 年 2 月10 日。

② 陈光文：《中国加入 EBRD 是双赢之举》，《国际金融报》2015 年 12 月 21 日，第 18 版。

缺少环境和社会因素方面的监督和评估，对当地人民造成不利影响。

未来，无论是投资、贸易还是制造业领域，中国都将在欧洲经济振兴之路上继续扮演关键角色。加入欧洲复兴开发银行是中国借力、实现可持续增长的明智之举。

## 二 欧洲复兴开发银行与中国

### （一）背景

“一带一路”倡议涵盖贸易、金融和能源等领域的合作。从欧洲的角度看，中国企业和银行在许多国家从事投资和金融服务业务，如德国、希腊、塞尔维亚、北马其顿、波黑等国。

作为“一带一路”线路的延伸，“巴尔干丝绸之路”（Balkan Silk Road）是指覆盖北京到雅典之间的，包括贝尔格拉德、萨拉热窝、斯科普里[①]、布达佩斯、地拉那等在内的区域范围。

在“一带一路”倡议下，中国将资本、技术投入欧盟成员国、非成员国，以史无前例的规模在这些国家从事企业并购和基础设施建设。中国金融企业可以在东南欧国家当地企业和政府提供低息贷款。同时，中企通过港口合作，开设分支等方式，参与到这些国家的桥梁、高速公路建设、发电站升级换代、交通和物流网络等基础设施建设中。

东南欧国家对来自低于市场利率的中国贷款表示欢迎。通过获得贷款，这些国家可以开发新的基建项目，帮助西巴尔干地区加快现代化转型的步伐，使其从欧洲一体化的边缘地区转向欧亚经济的核心区。不过，中国的投资和贷款活动也遭到诸多非议。部分批评者认为，中国此举加重了贷款国对中国的债务依赖程度。[②]

① 斯科普里（Skopje）是北马其顿共和国首都。

② Florian Bieber and Nikolaos Tzifakis, “The Western Balkans as a Geopolitical Chessboard? Myths, Realities and Policy Options”, Policy Brief, Balkans in Europe Policy Advisory Group, June 2019.

### （二）东南欧："巴尔干丝绸之路"

在"巴尔干丝绸之路"沿线国家之间，欧洲开发复兴银行和中国公司有着频繁的接触。"巴尔干丝绸之路"是中国在巴尔干地区打造的联结中国与巴尔干地区并快速到达西欧的水陆联运物流新通道，是"一带一路"线路的延伸。

南斯拉夫解体后，巴尔干地区一直在着力追赶欧洲其他地方。但战争过去多年后，该地区的大多数国家仍无力改造破旧的基础设施。在欧盟自顾不暇之际，中国的"一带一路"倡议对东南欧国家来得恰逢其时。

希腊比雷埃夫斯港（Piraeus）被视为"一带一路"倡议在东南欧的重要支点。该港地处塞尔维亚、匈牙利和北马其顿三国的中间点，地理位置特殊。中国企业参与比雷埃夫斯港私有化项目，建立新的物流中心，形成航运与高铁的联动，拉动整片区域的经济协调性发展。随着未来中国企业在欧洲地区更多的投入，该港也可能成为这一地区的中转站，推动希腊的经济复苏，辐射整个欧洲地区。2016 年，比雷埃夫斯港 67% 的股权售卖给中国中远海运集团。

中企在东南欧投资众多并非偶然。在"巴尔干丝绸之路"沿线国家，当地企业的收购价普遍较低，而需求旺盛。同时，这些工人的技能水平较高，地理位置上与欧盟成员国接近，这是中国企业青睐该地区的主要因素。2014 年，李克强总理提出"东南欧走廊倡议"。倡议内容包括贝尔格拉德至布达佩斯的高铁项目。同年，中企在北马其顿承建该国米拉蒂诺维奇 - 斯蒂普高速公路项目，并于 2019 年 7 月正式开通使用。这一高速公路的正式开通将大大改善北马其顿的交通条件，有效带动沿线商业和旅游业发展，有助于促进北马其顿更好融入区域互联互通。①

在"一带一路"倡议下，中国企业不断在欧洲收购港口、扩展海运

① 《中企承建北马其顿高速公路项目开通》，中华人民共和国中央人民政府网转引新华社，2019 年 7 月 7 日，http：//www.gov.cn/xinwen/2019 - 07/07/content_ 5406966.htm，访问时间：2019 年 8 月 14 日。

业务、提高物流和运输能力，标志着其开始在欧洲建立运输网络。欧洲复兴开发银行报告显示，“中国的扩张行动和速度在战略部署和产品创新上令人印象深刻”。[①]

2019年4月，在北京召开的“‘一带一路’国际合作高峰论坛”为东南欧国家提供了进一步加强与中国拓展经济合作的机会。匈牙利、捷克、希腊、塞尔维亚、塞浦路斯、葡萄牙、意大利等欧盟国家领导人出席了此次论坛。在会后发布的公报里，中欧国家共同表示，将在“欧盟欧亚互联互通战略”“中欧互联互通平台”“欧盟东部伙伴关系”等框架下寻求合作的机遇，[②] 通过欧盟泛欧交通运输网络建设，提高中欧间的互联互通能力。在2017年召开的第一届“‘一带一路’国际合作高峰论坛”上，中国与东南欧国家之间签署了诸多合作协议。[③] 其中包括：

—— 双边经贸合作协定，包括波黑、黑山共和国和塞尔维亚等国家；

—— 中国与捷克、匈牙利签订中小企业合作谅解备忘录；

—— 中国与塞尔维亚签订农业贸易与投资合作谅解备忘录；

—— 中国出口信贷保险公司与塞尔维亚出口信贷机构签署合作协议；

—— 中国与波黑签署教育合作协议；

—— 中国和希腊企业签署光纤网络合作协议；

—— 中国与塞尔维亚讨论在两国各自建立中－塞工业园、开通直航；

---

① Florian Bieber and Nikolaos Tzifakis, “The Western Balkans as a Geopolitical Chessboard? Myths, Realities and Policy Options”, Policy Brief, Balkans in Europe Policy Advisory Group, June 2019, p. 5.

② 《第二届“一带一路”国际合作高峰论坛圆桌峰会联合公报：共建“一带一路”，开创美好未来》，2019年4月27日，北京，中国新闻网，http://www.chinanews.com/gn/2019/04-27/8822167.shtml，访问时间：2019年7月17日。

③ “Belt and Road Forum for International Cooperation”, *China Daily*, 16 May 2017, http://www.chinadaily.com.cn/china/2017-05/16/content_29359377.htm，访问时间：2019年7月17日。

—— 中国进出口银行与塞尔维亚签署贷款协议，用于匈－塞铁路的现代化改造；

—— 中国进出口银行与塞尔维亚签署贷款协议，用于支持塞国的通信建设等。

近年来，塞尔维亚与中国之间的贸易量增长较快。据欧盟委员会和科索沃统计局统计数据，2015～2016年，中国与西巴尔干地区之间的贸易规模达到33亿欧元。其中，塞尔维亚几乎占据交易总量的一半。除欧盟成员国以外，中国在巴尔干国家的贸易排名（2016年为准）如下：在波黑位列第三，在北马其顿第四，在塞尔维亚第四、阿尔巴尼亚第二、黑山第三。2018年，由于塞尔维亚与中国贸易额跌幅过半，该地区与中国的整体贸易总量有所下降。但在部分国家，与中国的进出口贸易有所上升。中国与塞尔维亚2016年和2018年的贸易规模参见图6－1。

**案例1：塞尔维亚**

塞尔维亚是共建“一带一路”的重要的欧洲国家。2019年，中国和塞尔维亚间互动频繁。2019年4月上旬，中欧领导人峰会（China-EU Summit）在布鲁塞尔举行。随后，“16＋1”框架峰会在杜布罗夫尼克举行。4月下旬，第二届“一带一路”国际合作高峰合作论坛在北京举行。

塞尔维亚是中国和欧洲互动的关键“节点”。目前，塞尔维亚已正式成为亚洲基础设施投资银行（AIIB）理事会成员国。塞尔维亚国家银行（National Bank of Serbia）与中国银行保险监督管理委员会就监管合作签署谅解备忘录。塞尔维亚是与中国建立“一带一路”能源合作伙伴关系的28个国家之一。

塞尔维亚是与中国共同实施和承包基础设施项目最多的国家之一。中塞在基础设施项目以外，同时也在数字化、创新、教育和农业等领域加强合作，尤其是在羊肉、牛肉、牛奶和奶制品的出口方面。考虑到中国市场的规模，塞尔维亚总理提议欧洲经济合作委员会（Committee of European Economic Cooperation，简称CEEC）同中国建立合作关系，并联合向中国出口。在2019年“16＋1”框架峰会期间，塞尔维亚与中国签署了两项

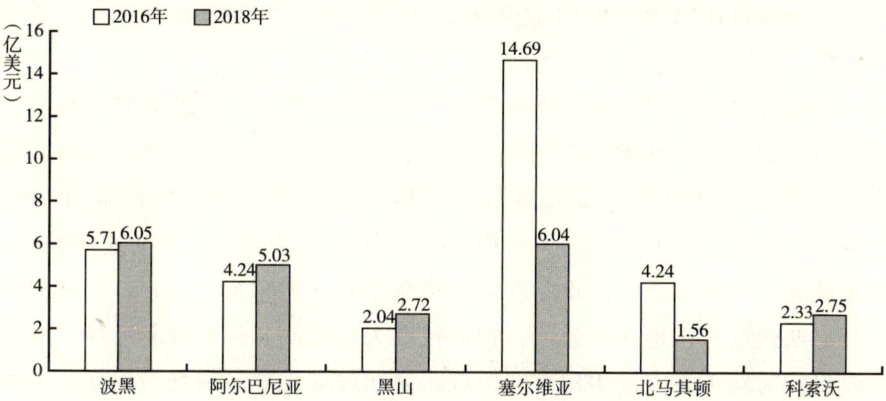


**图 6-1 西巴尔干国家和地区与中国贸易规模 2016 年和 2018 年比较**

注：科索沃 2018 年数据实为 2017 年统计所得；北马其顿 2018 年数据来自中国商务部统计。

资料来源：European Commission, "West Balkan Trade Statistics", 18 July 2019, http://ec.europa.eu/trade/policy/countries-and-regions/statistics/regions/，访问时间：2019 年 7 月 17 日；Kosovo Agency for Statistics, "Data of External Trade in 2017", http://askdata.rks-gov.net/PXWeb/pxweb/en/askdata/askdata__External%20trade__Yearly%20indicators/tab02.px/table/tableViewLayout1/?rxid=f81b30b9-6944-42e9-bdfa-726b83f624ee，访问时间：2019 年 7 月 18 日；中华人民共和国商务部，"2018 年 1~12 月中国与欧洲国家贸易统计表"，2019 年 3 月 25 日，http://www.mofcom.gov.cn/article/tongjiziliao/sjtj/xyfzsbjmsj/201903/20190302846188.shtml，访问时间：2019 年 7 月 18 日。

与基础设施有关的协议，计划建造两段高速公路。双方还就贝尔格莱德—尼什—普雷舍沃段（Belgrade-Nis-Preševo）铁路的重建工程签订合作协议。这段铁路项目的重建意义重大。若项目完成，它将进一步延伸到匈牙利边境，塞尔维亚的最北端与最南端将最终实现纵向连接。

中塞合作形式多样化。中国优质企业走出去，既服务于当地经济，解决就业问题，又使中国企业完成向海外发展、优化产能的国际发展。如中国河钢集团（简称"河钢"）收购塞尔维亚斯梅代雷沃钢厂。该厂长期处于倒闭状态，河钢进入后，不但解决了当地近 5000 人的就业，而且使企业经营扭亏为盈。

在融资方式上，直接投资正成为中国在西巴尔干地区进行商业开发的主要方式。如 2018 年山东玲珑轮胎股份有限公司在塞尔维亚投资的轮胎项目。该项目计划投资 9.94 亿美元，在塞尔维亚东南部兹雷尼亚宁市自贸区内，建设高性能子午线轮胎。①

公私合营方式成为新趋势。2019 年塞尔维亚与中国路桥工程有限责任公司（简称“中国路桥公司”）签订了三项协议。其中，包括项目开发协议、成立合资公司协议和建设塞尔维亚—中国工业园区商业计划书（the Business Plan of the Serbian-Chinese Industrial Park）。根据这些协议，塞尔维亚—中国工业园区将建在贝尔格莱德郊区博尔察（Borča）。该园区将分三期建设，占地 320 公顷，初期投资为 3 亿欧元。如顺利完成，该工业园将成为欧洲最大的中国工业园区。塞尔维亚创新和科技发展部长奈纳德·波波维奇（Nenad Popović）表示，已有超过 40 家中国公司已做好在工业园区开始生产的准备。预计工业园区将入驻企业超千家，雇用员工过万名。② 此外，中国路桥公司已分别与塞尔维亚和黑山政府签订了以公司合营方式承建 E763 高速部分标段以及南北高速尾段第二和第三标段的谅解备忘录。

多边性国际组织对中欧在巴尔干地区的合作表示欢迎。对于塞尔维亚及其他欧洲经济合作委员会的成员国来说，欧盟以及国际货币基金组织、世界银行和世界经济论坛等具有全球重要性的国际组织在正式文件、高级别会议上均表达了对“一带一路”倡议的支持。欧洲中央银行新任行长、国际货币基金前总干事克里斯蒂娜·拉加德（Christine Lagarde）表示，中国的参与对确保可持续发展和成功消除发达国家与不发达国家之间的现有差距来说至关重要。这个态度转变为塞尔维亚和其他国家带来了希望，使它们在与中国未来的合作中不会受到挑战。③

---

① 《玲珑轮胎：拟投资建设塞尔维亚基地，全球化布局再下一城》，新浪网，2018 年 8 月 24 日，http://vip.stock.finance.sina.com.cn/q/go.php/vReport_Show/kind/search/rptid/4318827/index.phtml，访问时间：2019 年 10 月 25 日。

② 《塞尔维亚中国工业园：中塞“一带一路”合作新亮点》，《光明日报》2019 年 5 月 8 日第 12 版，http://news.gmw.cn/2019-05/08/content_32813843.htm。

③ 该部分内容摘自塞尔维亚国家政治经济研究所和中国-中东欧研究院《塞尔维亚简报：四月是中国的标志——塞尔维亚看中欧峰会、“16+1”峰会即“一带一路”国际合作高峰论坛》，“中国-中东欧研究院”微信公众号，2019 年 7 月 1 日。

**案例 2：希腊**

比雷埃夫斯港项目成为中国“一带一路”倡议在希腊的“定锚”之作。通过该项目，中国在希腊的优先投资领域将继续锁定在港口基础设施、物流和能源等。受 2010 年欧债危机影响，希腊在接受欧盟财政纾困资金的同时，需满足由欧盟委员会、欧洲中央银行和国际货币基金组织组成的“三架马车”对其结构性改革的要求。在第三批宏观经济调整清单里，国有资产私有化被列为希腊经济改革的重点领域。其中包括比雷埃夫斯港。中远集团收购比雷埃夫斯港 67% 股权。[①] 中国国有电力公司入股由比雷埃夫斯港全资拥有的电力传输子公司 ADMIE。

除比雷埃夫斯港以外，中国在希腊投资较多。2016 年，中国国家开发银行（以下简称“国开行”）和国家电力公司共同为希腊与能源相关的基础设施项目提供 10 亿欧元信贷融资。2017 年，国开行与希腊中央银行就零售和投资金融业签署合作谅解备忘录。如表 6－1 所示，2009～2017 年年底，中国在希腊大型项目投资已超过 43 亿欧元。

旅游业成为新的增长点。中国国际航空公司于 2017 年在北京和雅典之间开通了直航，加大了中国游客到希腊旅游的便捷性。类似的，中国中远航运集团还与中国东方航空公司签订协议，开设豪华邮轮项目，鼓励中国游客来希腊旅游。[②] 2019 年，希腊总理米佐塔基斯（Kyriakos Mitsotakis）在 7 月当选后强调，新政府将努力推动中欧游客从目前的 20 万人次，增长至 2020 年的 50 万人次。[③]

① 《中远海运已 3.385 亿欧元收购比雷埃夫斯港口 67% 股权》，新华网，2016 年 4 月 9 日，http：//www.xinhuanet.com//world/2016－04/09/c_1118575755.htm，访问时间：2019 年 7 月 18 日。

② 2017 年 4 月，满载中国游客的豪华邮轮“水晶号”从比雷埃夫斯港出发，开始环希腊旅程。

③ 曲翔宇：《希腊“三管齐下”吸引中国游客》，环球网，2019 年 12 月 4 日，https：//finanace.huanqiu.com/article/7S7DgmPiu，访问时间：2020 年 2 月 11 日。

表 6－1　中国在希腊主要投资汇总（2009～2017 年年底）

| 年份 | 中国公司 | 希腊公司 | 行业 | 交易规模（亿欧元） | 完成状态 | 投资性质 |
|---|---|---|---|---|---|---|
| 2009 | 中国远洋运输（集团）总公司 | 比雷埃夫斯港务局 | 港口运输 | 6.78 | 完成 | 特许合同 |
| 2014 | 中国国家开发银行 | Costa Mare | 集装箱航输 | 11 | 完成 | 政府贷款 |
| 2014 | 中国进出口银行 | Thenamaris Ocean bulk | 集装箱航运 | 3.4 | 完成 | 航运基础设施融资 |
| 2014 | 中国工商银行 | Libra Diana Shipping | 集装箱航运 | 4.9 | 完成 | 航运物流融资 |
| 2014 | 中航技进出口公司 | Veritas Ship Management | 集装箱航运 | 1.58 | 完成 | 航运物流融资 |
| 2015 | 中国工商银行，中国水利水电建设集团 | Terna Energy | 能源 | 8.8 | MoU | 发电站 |
| 2016 | 中远集团 | 比雷埃夫斯港务局 | 港口运输 | 3.68 | 完成 | 持股 67%，成为大股东 |
| 2017 | 中国国家电网公司 | 希腊独立电网传输运营商 | 能源、电力 | 3.2 | 第一期合作完成，第二期进行中 | 持股 24%（可增幅至 66%，成为大股东） |
| 总计 | | | | 43.34 | | |

资料来源：作者汇总、整理。

中国和希腊之间的贸易不断攀升。据中国商务部统计，2018 年中希双边贸易额已突破 70 亿美元，① 比 2015 年增加一倍多。中国企业具有较强的融资能力，对风险的承受力较强，在长期投资战略下，它们还建立了

① "2018 年 1～12 月中国与欧洲国家贸易统计表"，中华人民共和国商务部，2019 年 3 月 25 日，http://www.mofcom.gov.cn/article/tongjiziliao/sjtj/xyfzsbjmsj/201903/20190302846188.shtml，访问时间：2019 年 7 月 18 日。

希腊政府信用跟踪记录。此外，中国在希腊首都雅典建立华商协会。2019年，中国与希腊为深化全面战略伙伴关系，不断保持高层互访，并签署了《中希重点领域 2020～2022 年合作框架计划重点项目清单（第二轮）》，涉及能源、制造业、交通基础设施、环保等 14 个领域。

欧洲复兴开发银行对希腊经济复苏表示乐观。从 2015 年起，欧洲复兴开发银行开始对希腊进行投资。截至 2018 年底，EBRD 在希腊投资总规模达近 24 亿欧元，投资增幅较大。[①] 从欧洲复兴开发银行《转型报告2019～2020》中可以看出，希腊经济正呈现全面振兴态势。2018 年，希腊 GDP 增长率为 1.9%，私人消费拉动经济增长和就业市场，失业率下降到 16.9%，创 2011 年以来新低。自 2015 年以来，对希腊的外国直接投资（FDI）规模逐年上升。2018 年，该国 FDI 规模为 37 亿欧元。[②] 在私有化方面，希腊在国有企业治理改革战略下，向市场出售国有电力传输公司 DESFA 66% 的股份。此外，希腊国际机场完成延期 20 年特许经营协议的签署。据 EBRD 预测，希腊 2019 年和 2020 年 GDP 增长率将分别达到 2% 和 2.4%。[③]

### （三）欧洲复兴开发银行与中国之间的合作

2016 年 1 月，中国正式成为欧洲复兴开发银行第 67 位股东。自此，中国与欧洲复兴开发银行之间开始互动。同年 5 月，亚洲基础设施投资银行（简称“亚投行”）与欧洲复兴开发银行签署合作谅解备忘录。[④]

欧洲复兴开发银行与中国企业、银行之间的合作主要集中在东南欧、

---

① EBRD, “Annual Review 2018”, 8 May 2019, pp. 4 – 5.

② EBRD, “Transition Report 2019 – 2020: BETTER GOVERNANCE, BETTER ECONOMIES——Country Assessment: South-east Europe-Greece”, p. 17.

③ EBRD, “Transition Report 2019 – 2020: BETTER GOVERNANCE, BETTER ECONOMIES——Country Assessment: South-east Europe-Greece”, p. 17.

④ The Asian Infrastructure Investment Bank, “Bank to Cooperate with European Bank for Reconstruction and Development”, https: //www. aiib. org/en/news – events/news/2016/Asian – Infrastructure – Investment – Bank – to – cooperate – with – European – Bank – for – Reconstruction – and – Development. html，访问时间：2020 年 12 月 18 日。

中亚等地区。“一带一路”倡议涉及的国家有一半与欧洲复兴开发银行的目标国相重叠。

在东南欧地区，中国路桥公司在欧洲复兴开发银行的塞尔维亚项目招标中中标，来自中国的银行和欧洲复兴开发银行对北马其顿的贷款证券化项目联合投资。这些表明，欧洲复兴开发银行和中国企业都希望通过符合欧盟标准的公共采购程序，试探双方未来在西巴尔干丝绸之路合作的可能性。

中亚成为 EBRD 和中国合作的重要地区。2018 年 11 月，中国人民银行和 EBRD 主办、中国工商银行承办了“中亚投资论坛”，中国人民银行副行长陈雨露在论坛上表示，中方愿与 EBRD 及各方一道，加强在“一带一路”倡议下的资金融通、股权融资市场培育、发展绿色金融、基础设施互联互通、能力建设、风险管理等方面合作，共同促进中亚地区可持续发展。陈雨露表示，中亚是共建“一带一路”的重要区域，金融领域的互利合作是中国与中亚地区合作的重要组成部分。

在中亚地区，欧洲复兴开发银行与中国主导的亚洲基础设施投资银行、中国银行等合作较为密切。在塔吉克斯坦，2016 年，两家银行为塔吉克斯坦首都杜尚别到乌兹别克斯坦边境的公路改善项目提供贷款。2019 年，两家银行联合为 Obigarm 至 Nurobod 之间的桥梁及引桥公路项目提供贷款。[①] 在哈萨克斯坦，2017 年底，中国银行以 1.2 亿美元参与欧洲复兴开发银行发起的 Shalkiya 锌矿银团贷款项目。在格鲁吉亚，亚投行于 2020 年 2 月以 1 亿美元贷款规模，参与由 EBRD 等多家开发银行联合投资的 280 兆瓦 Nenskra 水电站项目。[②]

① The Asian Infrastructure Investment Bank, “Project Summary Information: Oingarm-Nurobod Road Project-Long Bridge and Approach Roads”, 25 September 2019, https://www.aiib.org/en/projects/proposed/2019/_download/tajikistan/Tajik-Obigarm-Nurobod-Sept-25-2019.pdf，访问时间：2020 年 12 月 20 日。

② The Asian Infrastructure Investment Bank, “Project Summary Information: 280 MW Nenskra Hydropower Plant”, 28 February 2020, https://www.aiib.org/en/projects/proposed/2017/_download/georgia_nenskra_hydropower/PSI-Georgia-Nenskra-Hydropower-Project-Feb-28-2020-Clean.pdf，访问时间：2020 年 12 月 20 日。

土耳其正成为欧洲复兴开发银行和亚投行合作的热点国家。2019 年，两家银行与黑海贸易与开发银行（Black Sea Trade and Development Bank，简称 BSTDB）共同为土耳其 EFELER 100 兆瓦地热项目提供贷款。[①] 2020 年，亚投行提供贷款 3.2 亿欧元，参与由 EBRD 和土耳其政府等共同投资的 Halkali-Cerkezkoy 铁路项目；[②] 两家银行联合为土耳其伊兹梅尔地铁延长线四期工程项目提供贷款。[③] 2020 年，新冠肺炎疫情暴发，亚投行以 8260 万美元贷款规模，参与由 EBRD 发起的“土耳其 COVID－19 Medical Emergency Response（MER）”项目融资。[④]

从合作方式上，中国大多以主权财富基金、银团联合投资的形式参与与欧洲复兴开发银行的项目。2016 年 6 月，欧洲复兴开发银行和中国丝路基金（Silk Road Fund）正式签署合作协议。2016 年 9 月，为应对因金融危机导致的流入资本锐减，欧洲复兴开发银行联合中国外汇管理局、阿塞拜疆国有石油基金（State Oil Fund of Azerbaijan）共募集 3.5 亿欧元，在欧洲复兴开发银行内设立以投资发展中国家企业为目标的公募性质的“权益参与基金”（Equity Participation Fund）。其中，中国外汇管理局向该

① The Asian Infrastructure Investment Bank, “Project Summary Information: Efeler 97.6MWE Geothermal Power Plant Expansion Project”, 17 July 2019, https://www.aiib.org/en/projects/approved/2019/_download/turkey/turkey－effeler－July－17－2019.pdf，访问时间：2020 年 12 月 20 日。

② The Asian Infrastructure Investment Bank, “Project Summary Information: Halkali-Cerkezkoy Rail Project”, 9 June 2020, https://www.aiib.org/en/projects/details/2020/proposed/_download/Turkey/PSI－P000345－Turkey－Halkali－Cerkezkoy－Rail－Project－July－9－2020.pdf，访问时间：2020 年 12 月 20 日。

③ The Asian Infrastructure Investment Bank, “Turkey: Izmir Metro Expansion Phase 4: Fahrettin Altay-Narlidere Line Project”, 16 July 2020, https://www.aiib.org/en/projects/details/2020/approved/Turkey－Izmir－Metro－Expansion－Phase－4－Fahrettin－Altay－Narlidere－Line－Project.html，访问时间：2020 年 12 月 20 日。

④ The Asian Infrastructure Investment Bank, “Turkey: COVID－19 Medical Emergency Response (MER) Project”, 27 August 2020, https://www.aiib.org/en/projects/details/2020/approved/Turkey－COVID－19－Medical－Emergency－Response－Project.html，访问时间：2020 年 12 月 20 日。

基金注入 2.5 亿欧元主权资本，成为基石投资者（cornerstone investor）[①]。作为基金召集人和小股东，EBRD 以“小股东直接投资”（direct minority investments）方式，管理该基金的使用。该基金以直接入股方式，支持当地企业的发展。这些企业来自从蒙古国至斯洛文尼亚的所有地区。国外媒体认为，此类长期投资基金的设立被视为 EBRD 进一步增进了与中国之间的纽带关系。[②]

考虑到欧盟自 2019 年起加强对外审查监管力度，[③] 中国与欧洲复兴开发银行之间的合作备受考验。[④] 有学者认为，中国在东南欧的商业活动，尤其是在西巴尔干地区和匈牙利的“经济扩张”对欧盟、国际多边组织，如世界银行、欧洲投资银行和欧洲复兴开发银行等带来挑战。[⑤]

面对挑战，欧洲复兴开发银行制定了新的投资战略措施。[⑥] 该措施进一步提高了欧洲复兴开发银行对转型国家和地区所投项目（或提供技术支持）设计、招标程序、影响评估等方面的要求。除原先具备的符合市场竞争力条件外，欧洲复兴开发银行的新措施还强调，其所投项目需符合欧洲价值观所倡导的包容性、良治、绿色、韧性和融入性等因素（参见

---

① 基石投资者主要是指大型机构投资者、大型企业集团，以及知名富豪或其所属企业。其具有以下作用：(1) 基石投资者的引进实际是对公司基本面和发展前景的肯定，这给市场带来了很大的信心；(2) 基石投资者需要承诺购买，且上市后锁定 3 到 6 个月；(3) 基石投资者不能重复进行申购，特别关键的是基石投资者要在公司的招股书中披露，需要公开一些相关信息。

② Dan McCrum, “EBRD Launches New Fund and Deepens Ties to China”, *Financial Times*, 20 September 2016, https://www.ft.com/content/052c0c50-7f24-11e6-bc52-0c7211ef3198，访问时间：2018 年 9 月 30 日。

③ 2019 年 3 月，欧盟立法机构通过外资审查框架法案，即“Regulation Establishing a Framework for Screening of FDI into the EU”。

④ Jens Bastian, “The Potential for Growth through Chinese Infrastructure Investments in Central and South-Eastern Europe along the ‘Balkan Silk Road’”, July 2017, p. 44.

⑤ Jens Bastian, “The Potential for Growth through Chinese Infrastructure Investments in Central and South-Eastern Europe along the ‘Balkan Silk Road’”, July 2017, p. 46.

⑥ EBRD, “EBRD Updates Transition Concept”, News Release, November 2016, http://www.ebrd.com/news/2016/ebrdupdates-transition-concept-.html，访问时间：2019 年 10 月 25 日。

本书第四章）。从欧洲复兴开发银行的角度看，新的转型评估标准，也将适用未来和中国在该行业务运营国的项目合作上。

## （四）欧盟的“西巴尔干战略”

2018 年初，让·克劳迪·容克领导的欧盟委员会推出“西巴尔干战略”——《为欧盟扩大、增进欧盟与西巴尔干国家和地区之间的联系》（*A Credible Enlargement Perspective for and Enhanced EU Engagement with the Western Balkans*'）政策文件。[①] 该文件认为，西巴尔干地区被欧盟视为符合欧洲一体化价值观、稳定、富强的未来地缘投资之地。

欧盟“西巴尔干战略”制定了包含六个代表共同利益领域在内的行动计划，即法治、安全与移民、社会与经济发展、交通与能源、数字化、和解与睦邻等。行动计划的执行期为 2018～2020 年。

实施“西巴尔干战略”，支持该地区向欧盟成员国转型需要足够的资金。欧盟在现有的“准入国协助工具”下，计划逐渐提高基金规模至 2020 年。仅 2018 年一年时间里，该工具用于支持西巴尔干地区转型的资金已达 10 亿欧元。2007～2017 年，该工具用于西巴尔干地区的资金援助规模已近 90 亿欧元。

此外，在“西巴尔干战略”里，欧盟还诠释了黑山和塞尔维亚在计划于 2025 年完成准入程序的详细步骤。目前，这两个国家已开始与欧盟展开准入谈判。不过，两国的入盟前景仍有赖于其较强的政治意愿、务实的改革以及解决与邻国纷争的能力等。

通过“西巴尔干战略”，欧盟希望该地区的所有国家和地区看到加入欧洲大家庭的路径。在不断进行“功绩评价过程”中，欧盟将决定是否与这些国家展开准入谈判或进入下一轮谈判。目前，波斯尼亚和黑塞哥维那（简称“波黑”）已成为欧盟准入候选国。鉴于实施有效的改革

① European Commission, “Commission Adopts a Credible Enlargement Perspective for the Western Balkans Countries”, 6 February 2018, https://ec.europa.eu/commission/news/strategy-western-balkans-2018-feb-06_en，访问时间：2019 年 11 月 4 日。

措施，欧盟建议开启阿尔巴尼亚和北马其顿的入盟谈判程序。[①] 不过，2019 年 10 月，阿尔巴尼亚和北马其顿两国的入盟进程受阻（参见本书第五章）。

政治议题依然是横亘在西巴尔干国家加入欧盟的主要障碍。塞尔维亚需要解决科索沃和梅托西亚自治省（Metohija）的归属问题。2019 年 4 月 29 日，在柏林召开的西巴尔干会议未达到欧盟的预期目的。欧盟希望塞尔维亚承认科索沃和梅托西亚独立，并借助良好的睦邻关系来解决欧洲大陆的政治议题。问题在于，科索沃当局并未展现采取有利于塞国采取措施的良好意愿。相反，科索沃当局对塞尔维亚和波黑商品征收 100% 关税的做法更使欧盟的意愿落空。而且，在美国支持下，科索沃当局不愿做出任何让步。此举阻挡了欧盟对科索沃当局施加的压力。有学者认为，欧盟需要以更强硬的姿态展现其实力。[②]

## 三　欧洲投资银行与中国

如前文所述，欧洲投资银行是一家由欧盟各成员国所有的政策性、长期借贷金融机构。该行是欧盟官方机构，致力于在欧盟政策指导下，促成稳定投资项目的长期融资。仅 2017 年一年，欧洲投资银行集团向全球的新项目注资 840 亿欧元。其中，包括气候领域相关投资 196 亿欧元。

2016 年在杭州 G20 峰会上时任欧洲投资银行副行长乔纳森·泰勒（Jonathan Taylor）强调，该行在华投资的主要目标是，加强在清洁能源、可持续交通以及节能等领域的有效投资，促进民间投资对绿色经济长期融

① Council of European Union, “Council Conclusion: Enlargement and Stabilisation and Association Process”, 26 June 2018, 10555/18.

② 塞尔维亚国际政治经济研究所和中国 - 中东欧研究院：《塞尔维亚简报：美欧在科索沃问题的角力》，“中国 - 中东欧” 微信公众号，2019 年 7 月 15 日，访问时间：2019 年 11 月 4 日。

资的信心，为中国绿色金融体系发挥作用。①

截至 2019 年，欧洲投资银行在中国保持了 24 年支持转型投资的从业记录。自 1995 年以来，欧洲投资银行已在中国完成涉及新环境、新能效领域以及林业项目的多项投资。仅 2016 年就签署超过 2.98 亿欧元（合计人民币 22 亿元）的新融资项目。其中，包括了海南、山西、福建、贵州、江西及黑龙江的林业项目，山东的能效项目以及河南的大规模生物质能源项目。

此外，EIB 也加大了与中国人民银行之间的新合作计划，以激发机构投资者在绿色金融方面的投资积极性。欧洲投资银行以 2007 年发行世界第一支绿色债券“气候意识债券”（Climate Awareness Bonds）而领先于世界绿色债券市场。自发行至今，欧洲投资银行已以 11 种货币发行了价值 162 亿欧元的绿色债券。截至 2017 年 1 月底，欧洲投资银行已成为世界上最大的绿色债券发行方。

中欧联合发布“绿色金融”白皮书，体现了这两大积极追求绿色化的经济体共同推动全球绿色金融发展的努力。2017 年 11 月，中国金融学会绿色金融专业委员会（绿金委）② 和欧洲投资银行在波恩举行的第 23 届联合国气候大会期间联合发布了题为《探寻绿色金融的共同语言》白皮书。“绿色金融”白皮书对国际上多种不同绿色债券标准进行了比较，以期为提升中国与欧盟的绿色债券可比性和一致性提供基础。白皮书的发布为深入开展绿色金融领域的国际合作，推动绿色金融的定义和标准的一致化，促进跨境绿色资本流动提供了重要参考。推动提升绿色标准的可比性和一致性应该成为绿色金融国际合作的重要内容。中欧联合发布了这本

---

① 《欧洲投资银行（EIB）宣布对中国八个省份气候领域新投资项目的支持，并承诺与中国投资者共洽绿色金融相关事宜》，欧洲联盟驻华使团网站，2019 年 3 月 31 日，https://eeas.europa.eu/delegations/china_ zh - hans/23172/，访问时间：2019 年 7 月 18 日。

② 中国金融学会绿色金融专业委员会，简称“绿金委”，是由中国人民银行批准，在中国金融学会旗下成立的致力于推动绿色金融研究与组织协调金融机构开展绿色金融活动的专业委员会。截至 2017 年 10 月，绿金委共有 190 个成员单位，包括中国所有主要银行和一批积极参与绿色金融的保险公司、基金管理公司、券商、绿色企业、第三方服务机构和研究机构。

白皮书，对加大绿色投资对支持可持续发展、加强环境保护、履行《巴黎协定》承诺至关重要。[①]

① 《中国绿金委与欧洲投资银行合作推动国际绿色债券市场标准一致化》，中国新闻网，2017 年 11 月 12 日，http：//www. chinanews. com/cj/2017/11 - 12/8374253. shtml，访问时间：2019 年 7 月 6 日。

# 附　录

表 1　欧洲复兴开发银行资产负债（2018）

单位：百万欧元

| | 金额 | 2018 年合计 | 金额 | 2017 年合计 |
|---|---|---|---|---|
| 资产 | | | | |
| 在信贷机构的存款和预付款 | 16014 | | 14605 | |
| 债务性证券 | | | | |
| 以面值计算的利润或亏损 | 1604 | | 916 | |
| 摊余成本 | 11343 | | 9465 | |
| | 12947 | | 10381 | |
| | | 28961 | | 24986 |
| 其他金融资产 | | | | |
| 金融衍生工具 | 3948 | | 3577 | |
| 其他金融资产 | 381 | | 352 | |
| | | 4329 | | 4029 |
| 贷款投资 | | | | |
| 按摊销成本计算的贷款 | 22413 | | 22630 | |
| （减）预提损失 | -981 | | -850 | |
| 通过其他综合收入发放的贷款面值 | 1737 | | — | |
| 通过损益发放的贷款面值 | 460 | | 372 | |
| | | 23629 | | 22152 |
| 股票投资 | | | | |
| 银行类 | | | | |
| 通过损益收入购买的股票面值 | 4745 | | 4834 | |
| 国库券类 | | | | |
| 通过其他综合收入进行购买的股票面值 | 75 | | 76 | |

续表

| | 金额 | 2018 年合计 | 金额 | 2017 年合计 |
|---|---|---|---|---|
| | | 4820 | | 4910 |
| 无形资产 | | 62 | 62 | |
| 房地产、技术和设备 | | 50 | 54 | |
| 资产总额 | | 61851 | | 56193 |
| 债务 | | | | |
| 借入 | | | | |
| 从信贷机构和其他第三方借入 | 2107 | | 2650 | |
| 票据债务 | 40729 | | 35116 | |
| | | 42826 | | 37766 |
| 其他金融债务 | | | | |
| 来自金融衍生工具 | 2079 | | 1824 | |
| 其他金融债务 | 653 | | 431 | |
| | | 2732 | | 2255 |
| 持股股东权益 | | | | |
| 实收资本 | 6215 | | 6211 | |
| 储备及留存收益 | 10068 | | 9961 | |
| 股东权益总额 | | 16283 | | 16172 |
| 股东权益及债务总额 | | 61851 | | 56193 |

资料来源：EBRD，“Financial Report 2018”，8 May 2019，p. 15。

**表 2　欧洲复兴开发银行的司法转型项目一览（1996～2015）**

| 国家 | 项目 | 项目描述 | 执行情况 |
|---|---|---|---|
| 阿尔巴尼亚 | 为国有发电企业 KESH 提供再融资业务 | 为该国国有发电企业提供再融资业务 | 执行中 |
| | 为法官提供与破产事务相关的会计培训 | 为法官提供与破产事务相关的会计培训 | 完成 |

续表

| 国家 | 项目 | 项目描述 | 执行情况 |
| --- | --- | --- | --- |
| 阿尔巴尼亚 | 有关能源部门公共采购的司法改革 | 为该国能源部门开发一套包括框架协议、符合资质的供应商名单、招标合同等在内的"电子采购程序"<br>(出资方:斯洛伐克政府) | 完成 |
| | 为阿尔巴尼亚中央银行提供有关公司治理方面的咨询 | 评估该国银行业在公司治理方面的法律规定;<br>评估央行的监管框架;<br>开发一套与当前国际和欧盟监管标准相符的新方法 | 执行中 |
| | 破产法和公司法培训项目 | 为该国司法部门提供培训,包括公司法、裁决书书写方法以及谈判技巧等<br>(出资方:捷克政府) | 完成<br>2014 年 Q4 |
| | 评估公共采购委员会 | 评估 2010 年成立的"公共采购委员会"<br>(资助方:斯洛伐克政府) | 完成<br>2012 年 Q1 |
| | 为阿尔巴尼亚国家金融监管机构提供咨询 | 针对地方政府和公司发行的债券,为阿尔巴尼亚前证券委员会(现金融监管局)提供管理公司治理和金融等方面咨询,以加强该国的法律、制度框架<br>(出资方:希腊政府) | 完成<br>2012 年 Q1 |
| | 通信行业规制性发展(第一期) | 为阿尔巴尼亚"公共服务部"(后改为"国家改革与议会关系部")和"通信及邮政规制局"进行法律、机构建设以及技术执行等方面与欧盟法律框架的一致性评估<br>(出资方:欧盟委员会) | 完成<br>2010 年 Q2 |
| | 协助起草《公司和地方政府债券法》,并进行规制性影响分析 | 协助阿尔巴尼亚金融监管局起草《公司和地方政府债券法》<br>(出资方:意大利政府) | 完成<br>2009 年 Q2 |
| | 协助二代 GSM 招投标筛选过程 | 协助该国政府部门就二代 GSM 执照招投标起草招标文件<br>(出资方:英国政府) | 2000 年 Q1 |

续表

| 国家 | 项目 | 项目描述 | 执行情况 |
| --- | --- | --- | --- |
| 阿尔巴尼亚 | 通信行业管理与规制发展计划 | EBRD通过评估该国的电子通信行业政策和法律，为该国建立一套适应通信行业规制框架的二级法律提供协助；为该行业私有化和“阿尔巴尼亚移动通信公司”提供帮助。该项目结果被阿政府采纳，并成为该国“电子通信法”草案提供文本参考（出资方：英国和法国政府） | 2000年Q1 |
| 亚美尼亚 | 通信法规技术支持 | 为政府新成立的“公共服务管制委员会”提供支持（出资方：芬兰政府） | 执行中 |
|  | 支持该国最高司法委员会的机构能力建设 | 支持该国最高司法委员会的机构能力建设，包括为提高破产法庭效率而设计的行动计划，为法官提供有关破产事务的培训等 | 执行中 |
|  | 发展与公私合营项目相关政策和法律框架 | 为该国政府提供有关公私合营项目相关政策和法律框架 | 执行中 |
|  | 加强破产法和公司重组框架 | 协助该国司法部改进破产法律框架，推进公司重组改革进程 | 执行中 |
|  | 司法评估并提供一份有关受益方执行路线图的咨询报告 | 支持该国司法改革，支持对资源开采业实施注册、公开招标、发放执照的运营化方式 | 执行中 |
|  | 政策咨询和支持公共采购领域改革 | EBRD协助该国财政部推进公共采购制度改革，尤其是帮助其开发一套电子公共采购程序（出资方：EBRD股东专项基金） | 完成 |
|  | 公司法评估与提高 | 协助该国司法部和战略倡议中心，改善公司法领域的几部关键法案，使其符合国际标准 | 完成 |
|  | 支持公共采购GPA标准 | 协助该国财政部执行修订版的GPA标准（出资方：EBRD股东专项基金） | 完成 |
|  | 开采业受益方信息披露透明度改革 | 支持对开采业招标或执照申请过程采取受益人进行公告注册的运营化方式 | 完成 |
|  | 评估建筑环境能效的市场和政策 | 评估住宅建筑提高能效是否具有市场投资和司法改革潜力 | 执行中 |

续表

| 国家 | 项目 | 项目描述 | 执行情况 |
| --- | --- | --- | --- |
| 亚美尼亚 | 提高住宅建筑能效 | 该项目通过对亚美尼亚建筑行业能效政策、法律和机制等方面的全面评估，以及对现存相关于住宅以及多层公寓建筑立法的综述，希望起草并采纳"建筑能效法"以及对住宅法则进行修订<br>（出资方：EBRD 股东专项基金） | 完成<br>2014 年 7 月 7 日 |
|  | "公司治理准则"的起草与执行 | 为该国贸易及经济发展部起草一套适用于该国国有企业、上市公司以及银行业的"公司治理准则"<br>（出资方：EBRD 早期转型国家基金） | 完成<br>2014 年 4 月 4 日 |
|  | 通信法规培训 | 为政府部门和行业决策部门提供专业培训，包括一个 8～10 周的培训课程<br>（出资方：芬兰政府） | 完成<br>2011 年 8 月 8 日 |
|  | 电子通信法规发展项目 | 对该国电子通信行业的政策、司法框架进行整体评估。其结果并入该国政府相关的法律修订计划中<br>（出资方：EUTACIS） | 2001 年 7 月 3 日 |
| 阿塞拜疆 | 通信行法规培训 | 为政府部门和行业决策部门提供专业培训，包括一个 8～10 周的培训课程<br>（出资方：芬兰政府） | 完成<br>2011 年 8 月 8 日 |
|  | 房贷登记制度改革 | 为该国经济发展部开发一套房贷登记制度，包括房地产类型等信息。受政治因素影响，该项目无法继续下去 | 关闭<br>2005 年<br>12 月 1 日 |
|  | 为该国起草政府市场法提供法律咨询 | 受该国证券国有委员会委托，EBRD 为该国起草证券市场法律（合股公司法和证券法）提供咨询服务<br>（出资方：英国政府） | 完成<br>2001 年 12 月 31 日 |
|  | 提供改善《资产担保交易法》报告 | 受该国总统请求，EBRD 为该国《民事准则》中的资产担保交易法草案提供分析报告<br>（出资方：英国政府） | 完成<br>1999 年 12 月 22 日 |
|  | 修订《外国投资保护法》 | 就现存法律框架下针对外商投资的遗漏和不足进行修订<br>（出资方：德国政府） | 完成<br>1999 年 1 月 29 日 |

**续表**

<table>
<tr><th>国家</th><th>项目</th><th>项目描述</th><th>执行情况</th></tr>
<tr><td>阿塞拜疆</td><td>《破产法》评估与改革</td><td>对该国《破产法》进行全面评估，并提出建议，后被政府采纳<br>（出资方：英国和荷兰政府）</td><td>完成<br>1997 年 12 月 19 日</td></tr>
<tr><td>白俄罗斯</td><td>通信行业规制发展计划</td><td>该项目的主要目标是帮助该国成立一个私营的 GSM 运营商。该项目分为两个阶段。第一阶段，建立通信行业法规、执照和体制等基础；第二阶段，为该行业更高业务提供咨询和发展指南<br>（出资方：英国政府，第一阶段）</td><td>关闭<br>2001 年 1 月 29 日</td></tr>
<tr><td rowspan="6">波黑</td><td>《商业法》司法培训</td><td>提供司法培训</td><td>通过，<br>但未执行</td></tr>
<tr><td>《竞争法》培训</td><td>为联邦法官提供司法培训<br>（出资方：EBRD 股东专项基金）</td><td>完成<br>2012 年 12 月 20 日</td></tr>
<tr><td>通信行业政策（第四期）</td><td>为该国新成立的国家通信局提供咨询。此外 EBRD 为相关官员提供收费、关税设置以及成本计入方法等业务培训<br>（出资方：EU Phare 基金）</td><td>完成<br>2003 年 6 月</td></tr>
<tr><td>通信行业政策（第三期）</td><td>帮助该国建立一个电子通信规制框架<br>（出资方：英国和爱尔兰政府）</td><td>完成<br>1999 年 11 月 30 日</td></tr>
<tr><td>通信行业政策（第二期）</td><td>协助该国联邦政府为波西尼亚行政机构起草一套有关电子通信行业的法律和制度<br>（出资方：英国和爱尔兰政府）</td><td>完成<br>1997 年 11 月 1 日</td></tr>
<tr><td>通信行业政策（第一期）</td><td>协助该国通信部整合行业政策<br>（出资方：英国和挪威政府）</td><td>完成<br>1997 年 1 月 9 日</td></tr>
<tr><td rowspan="3">保加利亚</td><td>能源规制改革</td><td>项目包括建立一个涵盖该国电力市场主要运营商的金融参照体系；提供有关欧盟第三次能源改革方案的相关培训等</td><td>执行中</td></tr>
<tr><td>为公共采购部门电子采购改革提供政策建议</td><td>为该国政府电子采购（eProcurement）改革提供政策建议，并制定行动计划<br>（出资方：PISSA））</td><td>执行中</td></tr>
<tr><td>为公共部门（包括中央支付机构）提供有关电子采购改革的咨询</td><td>为该国公共部门，尤其是财政部和卫生部在电子采购改革中有关中央支付等问题提供政策咨询<br>（出资方：EBRD 股东专项基金）</td><td>执行中</td></tr>
</table>

续表

| 国家 | 项目 | 项目描述 | 执行情况 |
|---|---|---|---|
| 保加利亚 | 破产纠纷中法官的会计技能培训 | 针对该国市场特点，为法官在破产案件中提高会计技能而设计的培训模板<br>（出资方：EBRD 股东专项基金） | 完成<br>2014 年 2 月 28 日 |
| | 评估《特许权法》 | 对该国的《特许权法》进行评估，并提出立法建议，尤其对矿产、地下资源等产业 | 完成<br>1997 年 1 月 15 日 |
| 克罗地亚 | 为该国资产担保债券提供法律、制度建议 | 为该国财政部建立资产担保债券制度的准备工作提供咨询<br>（出资方：EBRD 股东专项基金） | 执行中 |
| | 代收行业制度 | 协助该国代收行业改革，尤其是开发一套代收法，统一市场操作，改善转账业务透明度，引入制度监督。<br>（出资方：EBRD 股东专项基金） | 执行中 |
| | 破产案件中法官的会计技能培训 | 与毕马威会计师事务所一道，为该国法官提供破产案件，提高会计技能的培训课程<br>（出资方：EBRD 股东专项基金） | 执行中 |
| 塞浦路斯 | 通信/ICT 行业 | 为该国电讯及邮政管理委员会提供有关宽带基础设施和服务等方面的咨询<br>（出资方：EBRD 股东专项基金） | 执行中 |
| 捷克 | 有关“净额结算”（close-out netting）的立法咨询 | 应捷克中央银行要求，与国际期货与衍生协会公司一起，为该国开发一套与破产相关的法律，以增强柜台衍生合同的净额结算能力 | 完成<br>2004 年 6 月 30 日 |
| | 协助建立“证券委员会” | 协助捷克证券委员会，重振该国金融市场的制度功能。包括金融市场立法建议，组建捷克证券委员会及其功能定位，人员培训等<br>（出资方：EUPhare 基金） | 完成<br>2000 年 12 月 31 日 |
| | 公私合营法律框架以及特许权法改革 | 协助该国财政部和地区发展部起草一个有关“公私合伙制”的特许权法案 | 完成<br>2005 年 4 月 10 日 |
| 埃及 | 小微企业以及“社会发展基金”支持项目 | 协助该国修订《小企业发展法》第 141 条以及“社会发展基金”的使用<br>（出资方：MEMA 转型基金） | 执行中 |
| | 审查《公共采购法》 | 审查该国《公共采购法》，使其与国际标准相符。该项目始于 2015 年 2 月<br>（出资方：EBRD 股东专项基金） | 执行中 |

续表

| 国家 | 项目 | 项目描述 | 执行情况 |
| --- | --- | --- | --- |
| 马其顿* | 能源及特许权法 | 协助该国经济部,对起草中的能源法提出意见,并为马其顿政府和潜在投资者之间达成特许权协定提供一个协议模板<br>(出资方:英国政府) | 完成<br>1997年9月8日 |
| 格鲁吉亚 | 通信政策发展支持计划 | 支持该国经济及可持续发展部开发一套ICT行业针对国家宽带执行计划、法律评估、电台频率管理等的政策<br>(出资方:芬兰政府) | 执行中 |
| | 支持数字广播转换项目 | 支持波段许可证竞争的技术规划和设计<br>(出资方:EBRD股东专项基金) | 执行中 |
| | 支持数字广播转换项目(二期) | 为支持该国履行国际协定义务,转换业务应于2015年6月完成<br>(出资方:EBRD股东专项基金) | 执行中 |
| | 为在WTO框架下GPA谈判进程提供政策咨询(二期) | 为该国在WTO下GPA准入谈判提供战略咨询和实际操作协助。其目的是使该国公共采购市场提高效率和国际竞争力<br>(出资方:斯洛伐克政府) | 执行中 |
| | 为该国开发第一个"国家能效行动计划"(NEEAP) | NEEAP将明确能效测量数据以及所有行业的节能期望值(如建筑业、交通、能源、电力等),以实现该国的能效目标<br>(出资方:SWME) | 执行中 |
| | 提高住宅能效 | 评估该国建筑业整体的政策、法律、机制结构 | 执行中 |
| | 通信规制支持项目(二期) | 协助该国法律与欧盟之间的兼容性,支持市场分析和竞争性分析活动,建立一个中立、高效的管理框架<br>(出资方:EBRD股东专项基金) | 执行中 |
| | 支持数字广播转换项目(二期) | 协助政府在数字广播转换过程中的技术确认和测试<br>(出资方:EBRD股东专项基金) | 执行中 |

续表

| 国家 | 项目 | 项目描述 | 执行情况 |
| --- | --- | --- | --- |
| 格鲁吉亚 | 为在 WTO 框架下 GPA 谈判进程提供政策咨询 | 为该国的 WTO 下 GPA 准入谈判提供战略咨询和实际操作协助。其目的是使该国公共采购市场提高效率和国际竞争力<br>（出资方：斯洛伐克政府） | 执行中 |
| | 开发特许权和公私合伙制的法律和政策框架 | 协助该国开发特许权和公私合伙制的法律和政策框，刺激私营部门参与基础建设行业<br>（出资方：EBRD 股东专项基金） | 执行中 |
| | 政府通信部门的人员培训 | 为管理机构人员提供为期 8 周的技能培训<br>（出资方：芬兰政府） | 完成 |
| | 破产司法改革 | 为该国开发一个破产改革项目的大纲。2005 年向该国司法部提交报告。2007 年该国政府决定独立起草破产法，该项目随即停止 | 暂缓<br>2007 年 |
| | 司法机构能力建设 | 协助当地职能机构准备"行动计划"，以提高其在商法中的司法能力。该项目是在吉尔吉斯斯坦的司法倡议项目模板下进行的<br>（出资方：EBRD 早期转型国家基金） | 完成<br>2009 年 2 月 27 日 |
| | 《资产担保交易法》改革（二期） | 为该国司法部执行《安全转账法》提供技术咨询。由于其他出资者的出现，EBRD 取消了该项目<br>（出资方：加拿大政府） | 暂缓<br>2006 年 |
| | 《资产担保转账交易法》改革（一期） | 为该国司法部在执行《资产担保转账交易法》提供技术咨询<br>（出资方：加拿大政府） | 完成<br>2005 年 9 月 1 日 |
| | 评估《银行业法》 | 评估由美国出资、针对该国银行业法的报告 | 完成<br>2001 年 4 月 30 日 |
| | 规制发展计划（延期） | 为格鲁吉亚管理机构提供有关关税/收入模型的相关培训<br>（出资方：EU TACIS） | 完成<br>2002 年 6 月 |
| | 通信规制发展计划 | 协助该国管理机构采纳一个现代、通信行业管理框架，以吸引私营部门投资和行业的整体发展<br>（出资方：EU TACIS） | 完成<br>2001 年 7 月 |

续表

| 国家 | 项目 | 项目描述 | 执行情况 |
| --- | --- | --- | --- |
| 匈牙利 | 《特许权法》改革 | 协助该国经济与交通部评估《特许权法》《公共采购法》以及有关公私合伙方面的政策,如招标制度等<br>(出资方:西班牙政府) | 完成<br>2009 年 3 月 5 日 |
| | 有关资产担保转账交易的机制建设 | 协助该国司法部对修订后的《民法》进行注册和执法准备工作<br>(出资方:英国和希腊政府) | 完成<br>2005 年 |
| | 净额结算立法 | 协助该国财政部制定针对破产相关的立法,以加强柜台衍生合同的净额结算管理<br>(出资方:英国政府) | 完成<br>2001 年 12 月 31 日 |
| | 新《证券法案》法律咨询 | 协助该国财政部起草一部全面的证券法<br>(出资方:英国政府) | 完成<br>2001 年 12 月 31 日 |
| | 协助《对移动资产征收法》注册(二期) | 对该国司法部建立的电子注册体系进行事后跟踪等协助工作<br>(出资方:英国政府) | 完成<br>2001 年 3 月 1 日 |
| | 协助《对移动资产征收法》注册(一期) | 为该国第一部有关移动资产电子注册体系提供技术咨询<br>(出资方:英国政府) | 完成<br>1997 年 4 月 30 日 |
| 约旦 | 司法机构能力建设 | 旨在加强约旦法官处理竞争、知识产权等案件纠纷中的能力。为该国近百位法官提供培训 | 执行中 |
| 哈萨克斯坦 | 改善公司治理框架 | 改善该国的公司治理,提高资本市场透明度<br>(出资方:EBRD 股东专项基金) | 执行中 |
| | 为交通部门公私合营政策提供咨询 | 协助该国在基础设施方面的招标、谈判以及签订特许权合同相关的公私合营政策测试<br>(出资方:日本政府) | 完成<br>2013. Q1 |
| | 评审《竞争法》 | 对起草的《竞争法》修订版进行评审,以提高与国际操作的协调性 | 完成<br>2010 年 |
| | 评审《特许权立法》 | 评审该国的特许权相关立法以及公私合营框架下的天然气管道项目 | 完成<br>2007 年 |
| | 网络基础设施规制 | 协助主管部门找到一个能使该国经济吸引外资、提高经济效率的框架<br>(出资方:日本政府) | 完成<br>2007 年 |

续表

| 国家 | 项目 | 项目描述 | 执行情况 |
| --- | --- | --- | --- |
| 哈萨克斯坦 | 通信规制发展(四期) | 协助该国信息通信部就成立一个独立的通信行业管理机构进行评估<br>(出资方:爱尔兰政府) | 完成<br>2006 年 |
|  | 通信规制发展(一、二、三、四期) | 为鼓励私营部门投资和行业发展,协助该国信息通信部建立一个适当的规制框架<br>(出资方:一、二期由日本政府和中国台湾地区政府出资;三期由 EU TACIS 出资;四期由爱尔兰政府出资 | 第四期<br>完成于<br>2008 年 9 月 20 日 |
| 科索沃 | 电子通信行业制度改革 | 协助联合国、欧盟和自治权利机构实施通信行业现代化改革<br>(出资方:美国政府) | 完成<br>2008 年 9 月 20 日 |
|  | 通信规制应急发展计划 | 协助联合国驻科索沃过渡政府建立一个有关通信行业的法律体系<br>(出资方:英国政府) | 完成<br>2002 年 10 月 1 日 |
|  | 针对破产案件中法官会计技能的培训 | 旨在提高法官在破产案件中的会计技能<br>(出资方:毕马威会计师事务所 KPMG) | 执行中 |
| 吉尔吉斯斯坦 | 采掘产业透明倡议(EITI) - 能力建设 | EITI 是全球采掘业达成的反贪污、透明倡议。该项目旨在协助该国建立一套采掘业管理体系,包括收入透明制度等 | 执行中 |
|  | 煤炭行业能力建设 | 包括能力建设培训,建立独立的招投标体系,枯竭型煤矿的治愈方法<br>(出资方:EBRD 股东专项基金) | 执行中 |
|  | 为公共采购改革提供政策建议和立法草案 | 为该国一级、二级法律提供政策咨询,支持亚洲开发银行(ADB)资助的电子采购项目执行活动<br>(出资方:EBRD 股东专项基金) | 执行中 |
|  | 为在 WTO 框架下 GPA 谈判进程提供政策咨询 | 为该国在 WTO 下 GPA 准入谈判提供战略咨询和实际操作协助。其目的是使该国公共采购市场提高效率和国际竞争力<br>(出资方:EBRD 股东专项基金) | 执行中 |
|  | 能效方面的政策对话 | 协助政府提高《建筑业能源法》执行能力,增强可持续能源行业的法律、制度框架 | 执行中 |

续表

| 国家 | 项目 | 项目描述 | 执行情况 |
| --- | --- | --- | --- |
| 吉尔吉斯斯坦 | 司法体系能力建设（五期） | 协助该国司法体系进行必要的培训（出资方：EBRD 早期转型国家基金） | 完成 2012 年 |
| | 改善公司治理和投资者保护方面的法律、制度框架 | 协助国家金融监管当局改善该国有关公司治理和投资者保护方面的法律和制度框架（出资方：EBRD 早期转型国家基金） | 暂缓 |
| | 通信行业的互通和收费 | 为该国通信局有关互通和成本/关税等问题提供咨询（出资方：EBRD 早期转型国家基金） | 完成 2012. Q2 |
| | 评审《通信法》 | 协助该国交通通信部和其他主管部门评审 1998 年通过的《通信法》 | 完成 2012 年 4 月 23 日 |
| | 司法体系能力建设（三、四期） | 改善该国当地司法体系和培训机构的能力建设（出资方：EBRD 股东专项基金——三期；EBRD 股东专项基金和 EBRD 早期转型国家基金——四期） | 完成 2010 年 |
| | 司法体系能力建设（二期） | 对该计划一期的跟踪，以提高当地司法培训中心的能力建设和商法知识水平（出资方：日本、瑞士政府、EBRD 早期转型国家基金） | 完成 2009 年 3 月 6 日 |
| | 吉尔吉斯斯坦的全球准入 | 为该国政府开发全球准入以及 ICR 发展提供战略咨询（出资方：加拿大政府） | 完成 2009 年 2 月 27 日 |
| | 司法体系能力建设（一期） | 协助当地主管部门做好提高司法体系（商法领域）能力建设的行动计划（出资方：EBRD 早期转型国家基金） | 完成 2005 年 11 月 10 日 |
| | 国际商业仲裁法 | 协助政府签署、履行《纽约外国仲裁认可大会》，并协助该国起草《国际商业仲裁法》（出资方：日本政府） | 完成 1999 年 12 月 13 日 |
| | 为电子通信行业提供咨询 | 为该国起草电讯发提供咨询（出资方：美国政府） | 完成 1998 年 4 月 30 日 |
| | 破产制度 | 为该国新的《破产法》草案提供准备工作（出资方：日本政府） | 完成 1997 年 1 月 31 日 |

续表

| 国家 | 项目 | 项目描述 | 执行情况 |
| --- | --- | --- | --- |
| 拉脱维亚 | 公私合伙制发展以及特许权法改革 | 为该国经济部开发 PPP 以及特许权法律改革提供技术支持。包括对起草的特许权法提供咨询<br>（出资方：瑞典政府） | 完成<br>2006 年 3 月 14 日 |
|  | 资产担保转账交易项目 | 为商业方面的立法提供咨询<br>（出资方：英国政府） | 完成<br>2000 年 12 月 31 日 |
| 立陶宛 | 特许权法改革 | 协助该国经济部建立一个发放特许证的司法框架。以满足欧盟的准入标准要求<br>（出资国：英国政府） | 完成<br>2002 年 12 月 31 日 |
|  | 通信行业规制发展计划 | 初期该项目是起草一个便于建立执照和互通政策的二级立法，但随着该国通信公司私有化，《通信法》通过后，该项目转为制定关税模型<br>（出资方：日本政府） | 完成<br>1998 年 9 月 30 日 |
|  | 私有化法律咨询 | 为该国允许国有企业私有化过程中债转股方面的法律修订提供法律咨询 | 完成<br>1997 年 5 月 23 日 |
| 摩尔多瓦 | 支持 WTO 下 GPA 谈判的准备工作 | 为该国 WTO 下 GPA 准入谈判提供专业咨询<br>（出资方：斯洛伐克政府） | 执行中 |
|  | 重建商业法庭和再培训计划 | 鉴于该国准备新法、废除经济法庭、将其转到普通司法管辖权下的商业纠纷案件，EBRD 协助该国司法国立研究所，为该国提供司法培训和再建工作<br>（出资方：捷克政府） | 执行中 |
|  | 煤炭行业规制能力建设 | 为该国在 WTO 框架下进行 GPA 谈判进程提供咨询<br>（出资方：斯洛伐克政府） | 执行中 |
|  | 支持相关 WTO 谈判 | 为该国在 WTO 下进行 GPA 谈判提供咨询，为经济部官员提供培训课程<br>（出资方：EBRD 股东专项基金） | 执行中 |
|  | 协助该国执行欧盟的《建筑业能效指令》 | 为该国交通部门执行《建筑业能效指令》提供路线图和行动计划<br>（出资方：瑞典政府） | 执行中 |

续表

| 国家 | 项目 | 项目描述 | 执行情况 |
| --- | --- | --- | --- |
| 摩尔多瓦 | 商业中介与仲裁 | 协助该国司法部执行该国 2011 ~ 2015 年的司法战略<br>（出资方：卢森堡政府） | 执行中 |
| | 商业中介与仲裁（二期） | 加强该国的商业中介和仲裁执法能力<br>（出资方：EBRD 股东专项基金） | 执行中 |
| | 《房屋行为准则规定》中有关私营部门公寓住宅业主协会的修订 | 为该国建筑与地区发展部提供政策咨询 | 执行中 |
| | 通信行业发展 | 为该国通信主管部门提供技术咨询 | 执行中 |
| | 银行业管理部门的司法培训 | 为银行业新法提供专业培训 | 执行中 |
| | 协助《房屋行为准则规定》修订 | 为该国建设和地区发展部修订现行的房屋准则提供咨询<br>（出资方：瑞典政府） | 完成 |
| | 通信行业的规制发展 | 协助该国主管部门执行《电子通信法》<br>（出资方：EBRD 早期转型国家基金，EBRD 股东专项基金） | 完成<br>2012. Q1 |
| | 改善住宅型建筑能效 | 为该国建设和地区发展部针对城市住宅库存问题建立一个法律、机制、可操作性的分析框架<br>（出资方：EBRD 股东专项基金） | 完成<br>2011 年 4 月 18 日 |
| | 摩尔多瓦房贷法和房贷证券化（二期） | 为该国经济部改革现有的房贷立法以及相关法律提供咨询<br>（出资方：瑞士政府） | 完成<br>2009 年 |
| | 房贷交易改革（一期） | 为该国开发房地产市场提供协助，尤其是评估现行的房贷交易体制<br>（出资方：瑞士政府） | 完成<br>2006 年 2 月 21 日 |
| | 改善租赁交易相关立法 | 协助该国政府改善租赁交易市场的法律框架<br>（出资方：巴尔干地区专项基金） | 完成<br>2005 年 6 月 30 日 |
| | 可动产履约登记制度 | 协助该国司法部为可动产建立一个履约登记制度 | 完成<br>2002 年 12 月 31 日 |

续表

| 国家 | 项目 | 项目描述 | 执行情况 |
| --- | --- | --- | --- |
| 摩尔多瓦 | 协助开发资产担保交易法 | 为该国经济部起草资产担保交易法提供咨询<br>（出资方：英国政府） | 完成<br>1997 年 1 月 1 日 |
| 蒙古国 | 商业中介服务 | 为该国乌兰巴托市建立商会并为商会成员提供商业中介服务和培训<br>（出资方：EBRD 股东专项基金） | 执行中 |
|  | 加强法院裁决执行力度（一期） | 为该国法院执行能力建设提供协助<br>（出资方：EBRD 股东专项基金） | 执行中 |
|  | 商法教材 | 为该国法官提供一套商法教材，以帮助其提高商业纠纷解决能力<br>（出资方：EBRD 早期转型国家基金） | 执行中 |
|  | 采掘业透明倡议计划—能力建设 | 为该倡议计划提供支持<br>（出资方：EBRD 早期转型国家基金） | 执行中 |
|  | 采掘业透明倡议计划—电子报告 | 为该倡议提供持续性支持<br>（出资方：EBRD 早期转型国家基金） | 执行中 |
|  | 采掘业 CSO 能力建设 | 为采掘业透明倡议计划提供支持<br>（出资方：EBRD 早期转型国家基金） | 执行中 |
|  | 煤炭管理部门—能力建设 | 为蒙古国煤炭资源管理局提高机构能力建设提供支持，其中包括将其数据数字化，扫描地理报告、地图等 | 暂缓 |
|  | 乌兰巴托清洁空气倡议（二期） | 该项目一期的延续<br>（出资方：EBRD 股东专项基金） | 完成<br>2014 年 6 月 24 日 |
|  | 资产担保交易改革 | 为该国司法部可移动资产担保交易司法体制改革提供技术支持<br>（出资方：蒙古国合作基金） | 完成<br>2010 年 |
|  | 乌兰巴托清洁空气倡议（一期 A） | 应总统和石油能源部邀请，EBRD 为解决乌兰巴托市冬季周期性空气污染问题提供政策设计框架 | 完成<br>2009 年 6 月 |
|  | 乌拉巴托清洁空气倡议（一期 B） | 协助该国更好地执行通过征税、治理空气污染的“运行框架” | 完成<br>2009 年 9 月 |
|  | 可再生能源咨询 | 为吸引外资，该国政府通过了一系列政策、法规。该项目的目的是为该国能源管理局提供有关“feed – in”关税以及相关投资的咨询服务 | 完成<br>2008 年 6 月 |

续表

| 国家 | 项目 | 项目描述 | 执行情况 |
|---|---|---|---|
| 蒙古国 | 通信行业制度发展 | 为该国通信行业建立一个现代司法、制度环境提供咨询。重点是机构能力建设<br>（出资方:蒙古国合作基金） | 完成<br>2008 年 9 月 20 日 |
| | 改善公司治理法律框架和实践 | 协助该国政府改善公司治理法律框架和实践。包括（1）评估该国现有体系与国际标准的兼容性;（2）协助该国制定改善公司治理实践的行动计划<br>（出资方:蒙古国合作基金） | 完成<br>2004 年 5 月 31 日 |
| | 对现有公司治理与资产担保交易法律局框架进行评估 | 对该国现有的有关公司治理和担保交易的法律框架进行评估<br>（出资方:蒙古国合作基金） | 完成<br>2002 年 5 月 31 日 |
| 黑山 | 有关商法的司法培训（2014） | 为该国提供公司法、破产、海事法以及消费者保护等方面的司法培训 | 执行中 |
| | 有关商法的司法培训（2015） | 为该国司法培训中心能力建设提供技术支持<br>（出资方:意大利政府） | 执行中 |
| | 竞争委员会:机构能力建设 | 为该国竞争委员会提供能力建设方面的技术支持。 | 执行中 |
| | 中介行业规制 | 为该国中介代理行业建立一个法律、规制框架提供支持 | 执行中 |
| | 有关商法方面的司法培训 | 为该国司法培训中心提供培训计划,包括竞争法和知识产权<br>（出资方:意大利政府和 EBRD 股东专项资金） | 完成 |
| | 通信行业——法律评述及二级立法 | 评估该国法律是否与欧洲重建局相关规定兼容<br>（出资方:西巴尔干基金） | 完成<br>2010 年 12 月 3 日 |
| | 通信行业——规制发展 | 为该国电讯管理局能力建设提供技术支持<br>（出资方:西巴尔干基金） | 完成<br>2008. Q4 |
| 摩洛哥 | 有关金融交易中衍生工具的法律框架 | 为该国财政部准备起草《衍生交易法》修订案提供一份技术路线图 | 执行中 |

续表

| 国家 | 项目 | 项目描述 | 执行情况 |
| --- | --- | --- | --- |
| 摩洛哥 | 资产担保交易改革——新法律框架设计(一期、二期) | 为该国政府机构，尤其是财政部，针对可移动资产方面的司法改革提供技术咨询。以便使更多的中小企业获得信贷<br>(出资方:东南地中海基金) | 执行中 |
| 波兰 | 起草与资产担保债券相关的法律框架 | 属于“当地货币与资本市场发展”倡议项目的一部分 | 执行中 |
| | 当地货币、金融、资本市场倡议 | 为波兰政府通过的资产担保债券法律框架寻找最优国际实践提供咨询 | 执行中 |
| | 评估波兰担保抵押市场的法律体系 | 为该国央行发展担保抵押法律框架提供技术支持 | 完成<br>2005 年 12 月 31 日 |
| | 破产法改革 | 为该国司法部就新《破产法》提供技术支持，包括投资者、贷款人利益保护等<br>(出资方:中国台湾) | 完成 |
| 罗马尼亚 | 评估、执行公司法 | 目的是改善该国布加勒斯特股票交易所上市公司的公司治理和信息披露等方面能力建设<br>(出资方:EBRD 股东专项基金) | 执行中 |
| | 商业法庭合作项目(一期) | 与该国司法部如何优化法庭结构、更有效地处理商业纠纷进行政策对话<br>(出资方:EBRD 股东专项基金) | 完成 |
| | 资产担保交易项目 | 为该国政府部门引入一部资产担保相关法达成共识进行准备<br>(出资方:EUPhare 基金) | 完成<br>2000 年 1 月 1 日 |
| | 与投资相关的法律咨询 | 为该国私有化局引入特许法提供法律咨询服务<br>(出资方:EBRD 股东专项基金) | 完成<br>1997 年 11 月 1 日 |
| | 破产法 | 向该国总理推荐修订《破产法》，以保护股东权益不会自动转为债权人的索赔权人 | 完成<br>1997 年 11 月 1 日 |
| | 公路、铁路特许法 | 评估该国现有的《特许条例》，提供改善罗马尼亚高速公路特许授权法律框架的建议<br>(出资方:EU) | 完成<br>1997 年 1 月 1 日 |

续表

| 国家 | 项目 | 项目描述 | 执行情况 |
| --- | --- | --- | --- |
| 俄罗斯 | 开发和执行农作物收购法律体系 | 为该国制定一套收获季节前资助农民的法律工具<br>(出资方:EBRD 股东专项基金) | 执行中 |
| | 评估和执行俄罗斯公司治理准则 | 2002 年 EBRD 为俄联邦证券市场委员会引入公司治理行为准则提供帮助<br>(出资方:EBRD 股东专项基金) | 执行中 |
| | 资产担保交易法改革(二期) | 跟进该国经济发展部 2010 ~ 2013 年合作项目<br>(出资方:EBRD 股东专项基金) | 执行中 |
| | EBRD 所投俄银行的公司治理评估 | 对选中的 EBRD 在俄所投银行进行公司治理诊断,以提高其业务操作能力 | 执行中 |
| | 破产行政管理机构的能力建设(二期) | 提高该国破产行政管理机构的能力建设<br>(出资方:意大利政府) | 完成<br>2014 年 |
| | 为公私合营制项目发展提供咨询 | 协助该国公路局、银行、俄罗斯 PPP 中心为潜在或即将确认的 PPP 项目准备提供咨询<br>(出资方:EBRD 股东专项基金) | 完成<br>2014 年 |
| | 加强 PPP 项目机制能力建设 | 为该国经济发展部在 PPP 实际操作中筛选程序、确定关键指标方法、合同范本以及提高项目融资能力等四个方面提供技术支持<br>(出资方:EBRD 股东专项基金) | 一期完成;<br>二期暂缓 |
| | 资产担保交易法改革 | 为该国经济发展部在抵押、房贷等方面提供法律咨询<br>(出资方:EBRD 股东专项基金) | 完成<br>2013. Q3 |
| | 破产管理机构能力建设(一期) | 为该国经济部公司治理部门提供技术支持。包括(1)强化管理人员的专业知识;(2)为建设一个更透明、公平、均衡的破产程序提供法律咨询<br>(出资方:SECO - EBRD 资产担保交易和债权人权益基金) | 完成<br>2012 年 4 月 26 日 |
| | 已破产债务人的资产调查 | 为破产管理机构建立一个与国际 INSOL 相符的程序提供帮助 | 暂缓 |
| | 为《移动设备和飞行器开普敦公约》的生效和执行提供支持 | 协助该国评价和执行“公约”。“公约”的目的是为飞机租赁建立一个法律框架<br>(出资方:EBRD 股东专项基金) | 2013 年 1 月 9 日 |

续表

| 国家 | 项目 | 项目描述 | 执行情况 |
| --- | --- | --- | --- |
| 俄罗斯 | 为公私合营项目提供支持 | 为当地管理机构有关 PPP 相关法律咨询<br>(出资方:EBRD 股东专项基金) | 完成<br>2013 年 3 月 21 日 |
| | Rosmorport 港公司化 | 为 Rosmorport 港公司化提供法律咨询 | 取消 |
| | 改善公司治理机制 | 为该国经济贸易部提供“提高公司治理立法”政策报告<br>(出资方:意大利政府) | 完成<br>2012. Q1 |
| | 公私合营项目样本文件制作 | 为 VEB 银行下的 PPP 中心开发一套 PPP 文件样本,包括招标规制、程序、合同等提供技术、法律、金融咨询 | 完成<br>2010 年 |
| | 支持可持续性交通 | 为俄罗斯两个城市的交通体系发展,包括私有化运营商等提供法律咨询 | 完成 |
| | PPP 法律框架发展 | 为该国政府管理部门发展 PPP 战略、特许公路收费等方面提供技术咨询 | 完成<br>2005 年 |
| | 基础设施项目非主权融资的法律建议 | 协助该国政府改善国债资本市场治理方面的法律、规制框架,使其与国际国债市场保持一致<br>(出资方:EU) | 完成<br>2005 年 3 月 4 日 |
| | 公司治理准则 | 协助俄罗斯联邦证券市场委员会建立一套上市公司的公司治理准则。该准则以 OECD 公司治理准则为基础,为公司运营程序和守法方面提供指南<br>(出资方:日本政府) | 完成<br>2002 年 7 月 1 日 |
| | 《通信法》修订版评审 | 通过评审俄《通信法》修订版,为通信部建立一个现代、全面的通信行业规制框架提供帮助<br>(出资方:加拿大政府) | 完成<br>2002 年 10 月 |
| | 通信行业制度改革 | 协助该国政府部门开发一套有关全球服务、执照和互通等优先领域的规章制度<br>(出资方:美国政府) | 取消 |
| | 公司治理评级 | 为该国开发一套公司治理评级体系的方法。该评级体系可以作为投资者在投资俄企业符合国际标准方面提供指南<br>(出资方:日本政府) | 完成<br>2002 年 3 月 1 日 |

续表

| 国家 | 项目 | 项目描述 | 执行情况 |
|---|---|---|---|
| 俄罗斯 | 房贷法改革 | 评审《房贷法》,并提出建议<br>(出资方:德国政府) | 完成<br>2001年4月19日 |
| | 规范合法实体和证券市场相关的法律咨询 | 就公司法、公司治理、资本市场(包括《证券交易法》等)、投资基金法等法律制度提供咨询<br>(出资方:日本政府) | 完成<br>2002年6月30日 |
| | EBRD/EU 治理和资本市场圆桌会议 | 为杜马议会就修改《公司证券法》举办一系列会议<br>(出资方:EUPhare 基金) | 完成<br>2000年8月30日 |
| | 破产法 | 为《破产法》草案提供建议<br>(出资方:英国政府) | 完成<br>1999年10月15日 |
| | 就俄银行业法律框架为日本进出口银行提供咨询 | 为日本进出口银行在俄开展贷款业务的可能性提供咨询。咨询内容包括货币规制、税收、资本充足率、证券、破产等 | 完成<br>1998年1月20日 |
| 塞尔维亚 | 竞争保护委员会——能力建设 | 为竞争保护委员会会员在实际工作中应用计量工具、更有效地使用专项小组等方面提供培训<br>(出资方:EBRD 股东专项基金) | 执行中 |
| | 为有效执行《金融重组法》提供支持 | 为该国工商业协会执行《金融重组法》提供支持<br>(出资方:EBRD 股东专项基金) | 执行中 |
| | 有关市场和经济知识的司法培训 | 为该国商业法院和高等商业法院提供市场和经济方面的专业培训,为塞尔维亚司法学院的司法候选人提供为期两年的课程教育 | 执行中 |
| | Agrarian 收购计划 | 为该国农业部就农产品收货前期的融资以及未来保障等内容提供法律咨询 | 执行中 |
| | 评估 NPLS 出售交易中的阻碍因素 | 出具一份明确妨碍 NPLS 出售计划报告,并提供相应的解决方案<br>(出资方:卢森堡基金) | 执行中 |
| | 房贷法改革 | 为该国建立一个与国际接轨的房屋贷款法提供咨询 | 完成<br>2015年4月9日 |

**续表**

| 国家 | 项目 | 项目描述 | 执行情况 |
| --- | --- | --- | --- |
| 塞尔维亚 | 支持《破产法》执行(二期) | 在一期项目后,该项目是 EBRD 与塞国破产监督局开展的合作。包括(1)开发一套执行《职业道德与国家标准行为准则》的操作手册;(2)协助破产监督局修订《破产法》<br>(出资方:西巴尔干基金) | 完成<br>2012 年 11 月 30 日 |
|  | 特许法/PPP 的法律咨询 | 为该国经济与地区发展部就更新特许法提供咨询<br>(出资方:EBRD 股东专项基金、澳大利亚政府) | 完成<br>2012 年 9 月 5 日 |
|  | 商业实体法改革 | 为该国经济与地区发展部准备修订《商业实体法》提供支持<br>(出资方:EBRD 股东专项基金) | 完成<br>2012. Q1 |
|  | 竞争政策咨询 | 为该国政府官员、商业社团以及消费者提供有关促进竞争、法律概念的咨询服务 | 完成<br>2010 年 3 月 |
|  | 支持破产法执行(一期) | 与该国破产监督局合作,协助《破产法》的执行。包括提交一份最佳破产实际操作、国际标准等内容的评估报告 | 完成<br>2010 年 3 月 |
|  | 破产规制能力建设(一期) | 协助该国破产监督局的机构能力建设<br>(出资方:瑞士政府) | 完成 |
|  | 汇兑结算研究 | 为该国政府改善汇兑结算效率(降低交易成本、较好的金融中介以及高效的工具等)进行相关的评审服务<br>(出资方:瑞士政府) | 完成<br>2006 年 10 月 27 日 |
|  | 电子通信行业规制发展 | 协助该国政府和电子通信局采纳一个清晰、可预测的规制框架。尤其是,为行业政策、执照、互通、关税等方面提供技术支持<br>(出资方:英国政府、巴尔干地区专项基金) | 完成<br>2006 年 6 月 30 日 |
| 塞尔维亚与黑山 | 评审、建议《特许法》草案 | 应塞尔维亚国际经济关系部邀请,评审《特许法》草案,并提出建议 | 完成<br>2002 年 5 月 24 日 |
|  | 私有化计划的法律咨询 | 为塞尔维亚经济及私有化部起草《私有化法》提供法律咨询。包括(1)竞争性的投标程序;(2)招标;等<br>(出资方:英国政府、巴尔干地区专项基金) | 完成<br>2002 年 10 月 3 日 |

续表

| 国家 | 项目 | 项目描述 | 执行情况 |
|---|---|---|---|
| 斯洛伐克 | 资产担保交易方面的立法改革及执行 | 为涉及不动、可动资产的担保交易建立一个法律体制提供咨询。其中,包括协助执行、监督和公共教育等<br>(出资方:英国政府) | 完成 |
| | 协助开发《资产担保交易法》 | 协助该国起草抵押贷款交易立法,作为《斯洛伐克民事准则》的一部分<br>(出资方:英国政府) | 完成<br>2000 年 11 月 30 日 |
| 斯洛文尼亚 | 就公司治理议题协助斯洛文尼亚央行 | 为该国央行设计、执行一套新的现场、场外监督方法,以评估该国银行业的内部控制框架<br>(出资方:EBRD 股东专项基金) | 执行中 |
| | 特许权法改革(延期) | 对该国《特许权法》草案进行最后咨询<br>(出资方:内部资助) | 完成<br>2003 年 12 月 |
| | 特许权法改革 | 为该国财政部起草特许权法提供法律咨询<br>(出资方:EU Phare 基金) | 完成<br>2002 年 7 月 |
| | 权益投资调研 | 为评估权益投资的法律框架,EBRD 在该国进行了有关公司股权收购相关法律议题的调查<br>(出资方:内部资助) | 完成<br>1997 年 4 月 9 日 |
| 塔吉克斯坦 | 公共采购立法改革的政策对话 | 为该国起草中的公共采购立法改革提供政策建议。其中包括有关二级立法以及于新法律工具相匹配的电子采购项目<br>(出资方:乌克兰基金) | 执行中 |
| | 就在 WTO 下进行 GPA 准入的技术支持 | 为在 WTO 框架下进行 GPA 准入谈判提供政策咨询<br>(出资方:EBRD 股东专项基金) | 执行中 |
| | 有关商法的司法培训 | 与该国法官理事会合作,为法官及其后备法官提供司法培训,包括开发一套培训模板等<br>(出资方:EBRD 早期转型国家基金) | 执行中 |
| | 评估司法判决方面的改革 | 协助当局引入现代化的、司法判决查询框架,为经济法庭建立数据库<br>(出资方:EBRD 股东专项基金、卢森堡政府) | 执行中 |

续表

| 国家 | 项目 | 项目描述 | 执行情况 |
|---|---|---|---|
| 塔吉克斯坦 | 立法规制改革项目（三期） | 就部门改革为该国提供咨询<br>（出资方：韩国政府） | 执行中 |
| | 能源行业规制发展（二期） | 作为一期项目的延续，就 EBRD 所投项目（如 Sugd 能源减排项目、Kairakkum 水电站项目等）为该国政府就能源行业提供咨询 | 执行中 |
| | 能源行业规制发展（一期） | 就 Sugd 能源减排项目、Kairakkum 水电站等项目与该国政府部门开展政策对话 | 完成 |
| | 评审反洗钱法 | 与 IMF 一道、对该国的反洗钱法、反恐立法进行评审，并联合提交一份包括建议在内的报告 | 完成<br>2007 年 |
| | 电子通信行业的规制发展 | 协助该国政府起草一部电子通信法，并建立一个清晰、鼓励竞争的规制架构<br>（出资方：日本政府） | 完成<br>2004 年 |
| | 分析《资产担保交易法》 | 为该国现有的《资产担保交易法》提供分析报告<br>（出资方：英国政府） | 完成<br>2000 年 11 月 1 日 |
| 突尼斯 | 电子通信管理机构的能力建设 | 为该国电子通信局在市场自由化、修订法律、鼓励竞争等方面提供咨询 | 执行中 |
| | 协助中小企业参与该国的电子公共采购 | 鼓励该国中小企业参与公共采购的招标提供培训 | 执行中 |
| | 公共采购评审机构——仲裁方面的能力建设 | 为公共采购评审机构能力建设进行相关司法培训 | 执行中 |
| | 评审公私合营法修订版草案 | 评审特许法和 PPP 法，鼓励私有企业参与该国的基础设施项目 | 执行中 |
| 土耳其 | 公司治理 | 为该国资本市场委员会就公司治理方面提供司法咨询，包括协助伊斯坦布尔证券交易所为上市公司提供一个标准的程序和指南 | 执行中 |
| | 土耳其评估法 | 就公司治理、破产、证券市场和特许法方面等提供技术咨询 | 完成<br>2009 年 |
| 土库曼斯坦 | 支持通信行业私有化 | 为该国移动通信私有化提供支持 | 执行中 |
| | 区域化通信行业培训 | 为该国通信部在 Ashgabat 地区进行通信行业培训<br>（出资方：芬兰政府） | 取消 |

续表

| 国家 | 项目 | 项目描述 | 执行情况 |
|---|---|---|---|
| 土库曼斯坦 | 与税务、会计和投资相关的法律 | 评审现有的税务、外国投资立法，为该国的立法提供咨询 | 完成<br>1997 年 7 月 10 日 |
| 乌克兰 | 金融衍生品交易法律框架(一期) | 协助该国议会工作小组进行金融衍生品交易立法修订提议的准备工作 | 执行中 |
| 乌克兰 | 金融衍生品交易法律框架(二期) | 支持该国起草有关金融衍生品交易的二级立法 | 执行中 |
| 乌克兰 | 为该国农业部门开发一个用于收获季前的农产品收购融资工具 | 为该国农业政策及粮食部起草一个符合法律规定的农产品融资工具 | 执行中 |
| 乌克兰 | 执行 GPA 最后一轮谈判 | 协助该国政府在 WTO 下进行最后一轮 GPA 谈判<br>(出资方:乌克兰政府) | 执行中 |
| 乌克兰 | 有关电子化采购程序的政策对话 | 起草有关电子化公共采购程序的政策和执行计划<br>(出资方:乌克兰政府) | 执行中 |
| 乌克兰 | 评估 Naftogaz 和 Uktransgaz 公司的公司治理情况 | 评估两公司在符合国际标准、实际操作等方面的公司治理框架<br>(出资方:乌克兰政府) | 执行中 |
| 乌克兰 | 公共采购评审机构能力建设 | 开发一个为评审机构开展人员培训的课程，包括针对公共采购过程中投诉评审的仲裁技巧等<br>(出资方:斯洛伐克政府) | 完成<br>2015 年 |
| 乌克兰 | 公共采购程序:政策发展及规制方面的能力建设(一期) | 为该国在公共采购政策、符合 WTO 下 GPA 准入要求以及欧盟 2004 指令(EUPP 指令)标准等方面提供支持<br>(出资方:EBRD 股东专项基金) | 完成 |
| 乌克兰 | 私营部门能效法律建设项目:Dnipropeitrovsk 试点项目 | 旨在分析该国在能效执行方面的法律、机构和商业等方面的障碍 | 完成 |
| 乌克兰 | 碳市场辅助计划 | 为该国政府在 UNFCCC 和《京都议定书》下执行一个销售碳信用框架和程序提供支持。它包括(1)开发一个评估潜在的温室气体减排的模型;(2)建立一个符合《京都议定书》第 17 条的机构和法律框架;(3)制定一个绿色"投资计划"试点项目;(4)能力建设和培训 | 完成 |

续表

| 国家 | 项目 | 项目描述 | 执行情况 |
|---|---|---|---|
| 乌克兰 | 乌克兰通信行业管理培训项目 | 提供一个通信行业规制方面的培训课程<br>(出资方:芬兰政府) | 完成<br>2011. Q4 |
| | 评审《电子通信法》草案 | 评审该国新起草的《电子通信法》<br>(出资方:奥地利政府) | 暂缓 |
| | 电力输送和关税分配改革 | 协助乌克兰国家电力管理委员会解决有关电力输送和分配的关税机制 | 完成 |
| | 有关公司合伙制咨询——Chop 高速公路项目 | 为改善该国公路 PPP 法和特许法,为该国政府在 Kiev - Chop 高速公路(二期)项目提供咨询<br>(出资方:EU) | 完成 |
| | 评估《采购共享协议法》 | 评估该国起草的《采购共享协议法》 | 完成<br>1997 年 4 月 30 日 |
| | PPP 法律、规制方面咨询 | 为该国政府部门提供在公路行业发展公私合营制的法律咨询 | 完成 |
| | 通信行业立法及制度架构 | 为该国通信行业重组、Ukrtelecom 公司私有化等提供法律咨询<br>(出资方:爱尔兰、挪威和英国政府) | 完成<br>1997 年 4 月 30 日 |
| 乌兹别克斯坦 | 租赁法项目 | 为该国租赁交易相关的法律、税务等议题提供咨询<br>(出资方:日本政府) | 完成<br>2002 年 6 月 30 日 |
| | 评估《海关行为准则》 | 为政府起草的《海关行为准则》提出建议。该建议后被该国政府采纳 | 完成<br>1998 年 4 月 1 日 |
| | 为《破产法》提供咨询 | 为该国财政部就《破产法》中关于股东对特定公司债务无限责任的界定提供法律咨询 | 完成<br>1996 年 9 月 1 日 |
| | 对地基法的相关规定 | 为政府出台有关地基法的相关规定提供咨询<br>(出资方:加拿大政府) | 完成<br>1996 年 6 月 1 日 |

注：2019 年 12 月 11 日马其顿议会通过宪法修正案，将国名改为“北马其顿共和国”。

资料来源：EBRD，“Legal Transition Programme：Legal Reform Projects 1996 to September 2015”，September 2015。

表3 中英文对照、缩写索引

| 英文 | 中文 | 缩写 | 首次出现 |
|---|---|---|---|
| Asian Infrastructure Investment Bank | 亚洲基础设施投资银行 | AIIB | 第27页 |
| Asia Investment Facility | 亚洲投资机制 | AIF | 第120页 |
| Assessment for Transition Challenge | 转型挑战评估 | ATC | 第94页 |
| Assessment for Transition Quality | 转型质量评估 | ATQ | 第41页 |
| Austerity | 财政紧缩 | | 第56页 |
| Board of Directors | 董事会 | BoD | 第3页 |
| Board of Governors | 理事会 | BoG | 第9页 |
| Chernobyl Shelter Fund | 切尔诺贝利避难基金 | | 第117页 |
| Climate Bonds Initiative | 气候债券倡议组织 | CBI | 第32页 |
| Climate Bonds Standard | 气候债券标准 | CBS | 第32页 |
| Climate Resilience | 气候韧性 | | 第93页 |
| Civil Society Organizations | 市民社会组织 | CSO | 第8页 |
| Cohesion Fund | 聚合基金 | CF | 第100页 |
| Cohesion Policy | 聚合政策 | CP | 第99页 |
| Connecting European Facility | 连接欧洲便捷项目 | CEF | 第104页 |
| Countries of Operations | 运营国 | | 第2页 |
| Critical Mass | 关键性群体 | | 第94页 |
| Development Cooperation Instrument | 发展合作工具 | DCI | 第107页 |
| Eastern Partnership | 东部伙伴关系 | | 第107页 |
| Eastern Europe Energy Efficiency and Environment Partnership | 东欧能效与环境伙伴基金 | E5P | 第121页 |
| Electricite De France | 法国电力公司 | EDF | 第32页 |
| Energy Community | 能源共同体 | | 第49页 |
| Energy Resilience | 能源韧性 | | 第47页 |
| Enterprise Development and Innovation Facility | 企业发展与创新便捷项目 | EDIF | 第121页 |
| Environment and Social Policy | 环境与社会政策 | ESP | 第80页 |
| Environment and Sustainable Bond Plan | 环境可持续性债券计划 | ESBP | 第80页 |
| Environmental and Social Assessment | 环境与社会评估 | ESA | 第8页 |
| Equity Investments | 股权投资 | EI | 第25页 |
| European Agriculture Fund for Rural Development | 欧洲偏远地区农业基金 | EAFRD | 第100页 |
| European Bank for Reconstruction and Development | 欧洲复兴开发银行 | EBRD | 第1页 |
| European Commission | 欧盟委员会 | | 第21页 |

续表

| 英文 | 中文 | 缩写 | 首次出现 |
| --- | --- | --- | --- |
| European External Action Service | 欧洲对外行动署 | EEAS | 第 111 页 |
| European Innovation Scoreboard | 欧洲创新排行榜 | EIS | 第 57 页 |
| European Investment Bank | 欧洲投资银行 | EIB | 第 1 页 |
| European Investment Plan | 欧洲投资计划 | EIP | 第 35 页 |
| European Maritime and Fishery Fund | 欧洲海洋和渔业基金 | EMFF | 第 100 页 |
| European Neighborhood Policy | 欧洲睦邻政策 | ENP | 第 107 页 |
| European Neighborhood and Partnership Instrument | 欧洲睦邻及伙伴关系工具 | ENPI | 第 107 页 |
| European Regional Development Fund | 欧洲区域发展基金 | ERDF | 第 100 页 |
| European Social Fund | 欧洲社会基金 | ESF | 第 100 页 |
| European Structure and Investment Fund | 欧洲结构与投资基金 | ESIF | 第 56 页 |
| European Union | 欧洲联盟 | EU | 第 1 页 |
| EU Strategy for Central Asia | 欧盟中亚战略 | | 第 107 页 |
| Finance and Technology Transfer Centre for Climate Change | 气候变化资金和技术转移中心 | FINTECC | 第 90 页 |
| Financial Resilience | 金融韧性 | | 第 56 页 |
| Food and Agriculture Organization | 国际粮农组织 | FAO | 第 90 页 |
| Global Climate Fund | 全球气候基金 | GCF | 第 49 页 |
| Good Governance | 良治 | | 第 42 页 |
| Gross Domestic Product | 国内生产总值 | GDP | 第 39 页 |
| Green Bond | 绿色债券 | GB | 第 31 页 |
| Green Bond Principle | 绿色债券原则 | GBP | 第 32 页 |
| Green Certification System | 绿色证书体系 | GCS | 第 57 页 |
| Green Economy Financing Facilities | 绿色经济融资便捷项目 | GEFF | 第 122 页 |
| Green Economy Transition | 绿色经济转型 | GET | 第 29 页 |
| Green Project Portfolio | 绿色项目组合 | GPP | 第 80 页 |
| Group of Seven | 七国集团 | G7 | 第 63 页 |
| Guarantees | 保单承兑 | | 第 25 页 |
| Horizon 2020 | 地平线 2020 计划 | | 地 115 页 |
| Innovation and Networks Executive Agency | 创新与网络署 | INEA | 第 106 页 |
| Instrument for Pre-Accession Assistance | 准入前协助工具 | IPA | 第 107 页 |
| Instrument for Stability | 稳定工具 | IS | 第 107 页 |
| Intended Nationally Determined Contributions | 国家自主贡献目标 | INDC | 第 91 页 |
| International Capital Market Association | 国际资本投资市场协会 | ICMA | 第 32 页 |

续表

| 英文 | 中文 | 缩写 | 首次出现 |
|---|---|---|---|
| International Financial Cooperation | 国际金融公司 | IFC | 第 30 页 |
| International Monetary Fund | 国际货币基金组织 | IMF | 第 2 页 |
| Investment Facility for Central Asia | 中亚投资便捷项目 | IFCA | 第 107 页 |
| Junker Plan | 容克计划 | | 第 136 页 |
| Management Committee | 管理委员会 | MC | 第 34 页 |
| Multilateral Development Bank | 多边性开发银行 | MDB | 第 34 页 |
| Neighborhood Investment Facility | 睦邻投资便捷项目 | NIF | 第 107 页 |
| Neighbourhood Investment Platform | 睦邻投资平台 | NIP | 第 120 页 |
| Northern Environmental Partnership Fund | 北部环境伙伴基金 | | 第 117 页 |
| Organization for Economic Cooperation and Development | 经济合作与发展组织 | OECD | 第 2 页 |
| Paris Agreement | 巴黎(气候)协定 | | 第 29 页 |
| Pre-Accession Strategy | 准入前战略 | | 第 107 页 |
| Principle of Responsible Investment | 负责任投资原则 | PRI | 第 30 页 |
| Policy Dialogue | 政策对话 | | 第 1 页 |
| Regional Energy Efficiency Programme | 地区能效计划 | REEP | 第 121 页 |
| Regional Policy | 区域政策 | RP | 第 99 页 |
| Shareholder's Special Fund | 股东专项基金 | SSF | 第 158 页 |
| Silk Road Fund | 丝路基金 | | 第 132 页 |
| Southern and Eastern Mediterranean countries | 地中海东、南岸国家 | SEMED | 第 34 页 |
| Structural Reform Support Programme | 结构性改革支持计划 | SRSP | 第 116 页 |
| Sustainable Energy Initiative | 可持续能源倡议 | SEI | 第 80 页 |
| Sustainable Energy Financing Facility | 可持续能源融资便捷项目 | SEFF | 第 87 页 |
| Sustainable Financing | 可持续性融资 | | 第 28 页 |
| Sustainable Resource Initiative | 可持续资源倡议 | SRI | 第 80 页 |
| Technical Assistance | 技术支持 | TA | 第 1 页 |
| Technical Assistance and Information Exchange instrument | 技术支持与信息交换工具 | TAIEX | 第 112 页 |
| Tran-Europe Network-Transport | 泛欧交通网络建设 | TEN – T | 第 103 页 |
| Transition Quality Assessment | 转型质量评估 | TQA | 第 41 页 |
| Western Balkans Investment Framework | 西巴尔干投资框架 | WBIF | 第 107 页 |
| World Bank | 世界银行 | WB | 第 2 页 |
| UN Sustainable Development Goals | 联合国可持续发展目标 | SDG | 第 80 页 |
| United Nations | 联合国 | UN | 第 2 页 |
| United Nations Framework Convention on Climate Change | 联合国气候变化框架公约 | UNFCCC | 第 80 页 |

# 参考文献

## 中文文献

曹慧:《欧洲复兴开发银行，中国该不该加入?》，《世界知识》2015年第24期。

曹慧:《全球气候治理中的中国与欧洲:理论、行动、分歧与合作》，《欧洲研究》2015年第5期。

陈光文:《中国加入EBRD是双赢之举》，《国际金融报》2015年12月21日第18版。

刘燕:《国际银行业公用事业融资的经验教训:以欧洲复兴开发银行为例》，《上海金融》2010年第6期。

谢世清:《ECB、EIB和EBRD之比较研究》，《金融与经济》2016年第6期。

《财政部与包括欧洲复兴开发银行、欧洲投资银行等在内的6家多边开发银行共同签署"一带一路"合作谅解备忘录》，2017年5月15日，人民网，http://finance.people.com.cn/G8/nl/2017/0515/c1004-29275181.html，访问时间:2020年2月10日。

塞尔维亚国际政治经济研究所和中国-中东欧研究院:《塞尔维亚简报:美欧在科索沃问题的角力》，"中国-中东欧"微信公众号，2019年7月15日。访问时间:2019年11月4日。

《中国为啥要进欧洲复兴开发银行》，新华网，2015年11月9日，http://money.163.com/15/1109/14/B801VU9O00254TI5.html。访问时

间：2020 年 1 月 10 日。

中华人民共和国商务部：《2018 年 1—12 月中国与欧洲国家贸易统计表》，2019 年 3 月 25 日，http：//www. mofcom. gov. cn/article/tongjiziliao/sjtj/xyfzsbjmsj/201903/20190302846188. shtml，访问时间：2019 年 7 月 18 日。

## 英文文献

Council of European Union，“Council Conclusions on the EU Strategy for Central Asia”，19 June 2017，COEST 142 CFSP/PESC.

Council of European Union，“Council Conclusion：Enlargement and Stabilisation and Association Process”，26 June 2018，10555/18.

EBRD，“Annual Report 2014”，15 May 2015，https：//www. ebrd. com/news/publications/annual – report/annual – report – 2014. html，访问时间：2019 年 1 月 6 日。

EBRD，“Annul Report 2016”，10 May 2017，https：//2016. ar – ebrd. com/，访问时间：2019 年 1 月 6 日。

EBRD，“Annul Review 2018”，8May2019，https：//2018. ar – ebrd. com/，访问时间：2019 年 1 月 6。

EBRD，“Energy Sector Strategy 2019 – 2023 Report”，12 December 2018，https：//www. ebrd. com/cs/Satellite? c = Content&cid = 1395276846130&pagename = EBRD/Content，访问时间：2020 年 2 月 20 日。

EBRD，“Financial Report 2018”，8 May 2019，https：//2018. fr – ebrd. com/financial – results/，访问时间：2019 年 1 月 6 日。

EBRD，“FINANCIAL SECTOR STRATEGY 2016 – 2020”，13 January 2016，https：//www. ebrd. com/documents/financial – strategy – and – business – planning/financial... &form = IPRV10，访问时间：2019 年 1 月 6 日。

EBRD，“Green Economy Transition”，9 May 2016，访问时间：2018 年 11 月 2 日。

EBRD，“Green Economy Transition：Implementing the EBRD Green Economy Transition”，May 2018，访问时间：2019 年 1 月 6 日 .

EBRD, "Legal Transition Programme: Legal Reform Projects 1996 to September 2015", September 2015.

EBRD, "Poland Country Strategy 2018 – 2023", 11 April 2018, https://www.ebrd.com/documents/strategy – and – policy – coordination/poland – country – strategy，访问时间：2019 年 1 月 6 日。

EBRD, "Political Aspects of the Mandate of the European Bank for Reconstruction and Development: Procedures to Implement the Political Aspects of the Mandate of the European Bank for Reconstruction and Development", 2013.

EBRD, "Transition Report 2018 – 2019", 12 November 2018, https://2020.tr – ebrd.com/，访问时间：2020 年 2 月 20 日。

EBRD, "Transition Report 2019 – 2020: Better Governance, Better Economics", 19 Nov. 2019, https://www.ebrd.com/documents/oce/transition – report – 201920.pdf. 访问时间：2020 年 2 月 20 日。

European Commission, "Impact Assessment of the Proposal of the Energy Efficiency Directive", 2016, http://eurlex.europa.eu/legalcontent/EN/TXT/? qid = 1483696687107&uri = CELEX: 52016SC0405，访问时间：2018 年 11 月 5 日.

EuropeanCommission, "EU High – Level Expert Group on Sustainable Finance Interim Report: Financing a Sustainable European Economy", Brussels, July 2017.

European Commission, "Annexes to Strategic Report 2019 on the Impl – ementation of the European Structural and Investment Funds", Brussels, 17 December 2019, COM (2019) 627 final.

European Commission, "Strategic Report 2019 on the Implementation of the European Structural and Investment Funds", Brussels, 17 December 2019, COM (2019) 627 final.

European Commission Directorate General Neighbourhood and Enlar – gement Negotiations – DG NEAR, "2018 Annual Activity Report", Ref.

Ares (2019) 2267237, 29 March 2019.

European Commission, "A Credible Enlargement Perspective for and Enhanced EU Engagement with the Western Balkans", Strasbourg, 6 February 2018, COM (2018) 65 Final.

European Commission, "European Neighbourhood Instrument (ENI) Regional East Strategy Paper (2014 - 2020) and Multiannual Indicative Programme (2014 - 2017)", Decision C (2014) 5200, Brussels, 28 July 2014, http://www.eeas.europa.eu/archives/docs/enp/pdf/financing-the-enp/regional_east_summary_of_the_strategy_paper_2014_2020_and_multiannual_indicative_programme_2014_2017_en.pdf, 访问时间：2019年11月2日。

European Commission, "West Balkan Trade Statistics", 18 July 2019, http://ec.europa.eu/trade/policy/countries-and-regions/statistics/regions/, 访问时间：2019年7月17日。

Florian Bieber and Nikolaos Tzifakis, "The Western Balkans as a Geopolitical Chessboard? Myths, Realities and Policy Options", Policy Brief, Balkans in Europe Policy Advisory Group, June 2019.

G20 Green Finance Study Group, "G20 Green Finance Synthesis Report", July 2018.

G20, "G20 Argentina 2018: Synthesis Report by SUSTAINABLE FINANCE STUDY GROUP", July 2018.

Kosovo Agency for Statistics, "Data of External Trade in 2017", http://askdata.rks-gov.net/PXWeb/pxweb/en/askdata/askdata_External%20trade_Yearly%20indicators/tab02.px/table/tableViewLayout1/? rxid = f81b30b9-6944-42e9-bdfa-726b83f624ee, 访问时间：2019年7月18日.

Jens Bastian, "The Potential for Growth through Chinese Infrastructure Investments in Central and South-Eastern Europe along the 'Balkan Silk Road,'", July 2017.

"MEMORANDUM OF UNDERSTANDING between the European

Commission, European Investment Bank and European Bank for Reconstruction and Development: In Respect of Cooperation outside the European Union", 19 May 2016, https: //www. eib. org/attachments/mou_ cooperation_ outside_ the_ eu. pdf, 访问时间: 2018 年 11 月 20 日 .

Regulation (EU) No. 1303/2013 of the European Parliament and of the Council of 17 December 2013, "Laying Down Common Provisions on the European Regional Development Fund, the European Social Fund, the Cohesion Fund, the European Agricultural Fund for Rural Development and the European Maritime and Fisheries Fund and Laying Down General Provisions on the European Regional Development Fund, the European Social Fund, the Cohesion Fund and the European Maritime and Fisheries Fund and Repealing Council Regulation (EC) No 1083/2006", Official Journal of the European Union, L 347/320, 20 December 2013.

P. Stein, T. Kludovacz, and G. Rooprai, "Input Paper on Emerging Markets: Sustainable Banking and Capital", International Finance Corporation Working Paper, 2018.

Suma Chakrabarti, "Helping Kazakhstan Achieve Its Destiny ", speech by EBRD President Sir Suma Chakrabarti, 20 March 2020, https: //www. ebrd. com/news/speeches/helping - kazakhstan - achieve - its - destiny. html, 访问时间: 2020 年 2 月 20 日。

World Economic Forum, " The Money Is There to Fight Climate Change", 2017, https: //www. weforum. org/agenda/2017/09/the - money - is - there - to - fight - climate - change/, 访问时间: 2018 年 11 月 5 日。

The Asian Infrastructure Investment Bank, "Project Summary Information: Oingarm - Nurobod Road Project - Long Bridge and Approach Roads", 25 September 2019, https: //www. aiib. org/en/projects/proposed/2019/_ download/tajikistan/Tajik - Obigarm - Nurobod - Sept - 25 - 2019. pdf, 访问时间: 2020 年 12 月 20 日 .

The Asian Infrastructure Investment Bank, "Project Summary Information:

280 MW Nenskra Hydropower Plant", 28 February 2020, https://www.aiib.org/en/projects/proposed/2017/_download/georgia_nenskra_hydropower/PSI - Georgia - Nenskra - Hydropower - Project - Feb - 28 - 2020 - Clean.pdf，访问时间：2020 年 12 月 20 日。

The Asian Infrastructure Investment Bank, "Project Summary Information: Efeler 97.6MWE Geothermal Power Plant Expansion Project", 17 July 2019, https://www.aiib.org/en/projects/approved/2019/_download/turkey/turkey - effeler - July - 17 - 2019.pdf，访问时间：2020 年 12 月 20 日。

The Asian Infrastructure Investment Bank, "Project Summary Information: Halkali - Cerkezkoy Rail Project", 9 June 2020, https://www.aiib.org/en/projects/details/2020/proposed/_download/Turkey/PSI - P000345 - Turkey - Halkali - Cerkezkoy - Rail - Project - July - 9 - 2020.pdf，访问时间：2020 年 12 月 20 日。

The Asian Infrastructure Investment Bank, "Turkey: Izmir Metro Expansion Phase 4: Fahrettin Altay - Narlidere Line Project", 16 July 2020, https://www.aiib.org/en/projects/details/2020/approved/Turkey - Izmir - Metro - Expansion - Phase - 4 - Fahrettin - Altay - Narlidere - Line - Project.html，访问时间：2020 年 12 月 20 日。

The Asian Infrastructure Investment Bank, "Turkey: COVID - 19 Medical Emergency Response (MER) Project", 27 August 2020, https://www.aiib.org/en/projects/details/2020/approved/Turkey - COVID - 19 - Medical - Emergency - Response - Project.html，访问时间：2020 年 12 月 20 日。

# 欧洲复兴开发银行大事记

（截至 2020 年 2 月）

| | |
|---|---|
| 1989 年 10 月 | 法国总统密特朗提议成立欧洲复兴开发银行； |
| 1990 年 3 月 29 日 | 《欧洲复兴开发银行创建协议》签署通过； |
| 1991 年 3 月 28 日 | 《欧洲复兴开发银行创建协议》正式生效； |
| 1991 年 4 月 15 日 | 欧洲复兴开发银行正式在伦敦开始运营； |
| 1992 年 4 月 9 日 | 俄罗斯联邦共和国成为欧洲复兴开发银行股东成员； |
| 2006 年 10 月 | 《欧洲复兴开发银行创建协议》修订、增加第 1 条款； |
| 2006 年 6 月 3 日 | 蒙古国成为欧洲复兴开发银行股东成员和运营国； |
| 2007 年 | 捷克共和国从欧洲复兴开发银行“毕业”，不再接受该行的资助项目，捷克也是唯一从该行“毕业”的运营国； |
| 2008 年 5 月 12 日 | 欧洲复兴开发银行董事会批准通过《环境与社会政策以及相关要求》，同年 11 月 12 日，该政策开始生效，此后每五年一次欧洲复兴开发银行对该政策进行评估，最新版的《环境与社会政策以及相关要求》于 2019 年获该行董事会批准通过，并生效执行至今； |
| 2009 年 | 土耳其在成为欧洲复兴开发银行创建股东成员后成为该行的运营国； |

| | |
|---|---|
| 2011 年 3 月 | 《欧盟委员会、欧洲投资银行、欧洲投资基金及欧洲复兴开发银行在欧盟以外合作备忘录》签署通过； |
| 2012 年 | 埃及、约旦、摩洛哥、突尼斯和科索沃地区成为欧洲复兴开发银行运营国（地区）； |
| 2012 年 9 月 | 《欧洲复兴开发银行创建协议》修订、增加第 18 条款； |
| 2012 年 11 月 | 修订《欧盟委员会、欧洲投资银行、欧洲投资基金及欧洲复兴开发银行在欧盟以外合作备忘录》； |
| 2013 年 9 月 | 《欧洲复兴开发银行创建协议》修订第 1 条款； |
| 2014 年 5 月 | 塞浦路斯在成为欧洲复兴开发银行创建股东成员后成为该行的运营国，2020 年起欧洲复兴开发银行已停止在该国的所有新项目活动； |
| 2014 年 7 月 | 欧洲复兴开发银行暂停在俄罗斯的新项目活动； |
| 2015 年 5 月 | 欧洲复兴开发银行发布“绿色经济转型方法”（Green Economy Transition Approach），支持项目向可持续、低碳转型； |
| 2015 年 2 月 2 日 | 希腊在成为欧洲复兴开发银行创建股东成员后，成为该行的运营国； |
| 2015 年 11 月 6 日 | 中国申请加入欧洲复兴开发银行； |
| 2016 年 1 月 | 中国正式成为欧洲复兴开发银行第 67 位股东成员； |
| 2016 年 5 月 | 再次修订《欧盟委员会、欧洲投资银行、欧洲投资基金及欧洲复兴开发银行在欧盟以外合作备忘录》； |
| 2016 年 5 月 | 欧洲复兴开发银行与亚洲基础设施投资银行 |

| | |
|---|---|
| | （简称“亚投行”）签署合作谅解备忘录； |
| 2016年6月 | 欧洲复兴开发银行与中国丝路基金结束合作协议； |
| 2016年12月 | 欧洲复兴开发银行、亚投行、中国银行等联合为塔吉克斯坦公路项目提供贷款； |
| 2017年5月15日 | 欧洲复兴开发银行、欧洲投资银行等6家多边开发银行与中国财政部共同签署“一带一路”合作谅解备忘录； |
| 2017年7月14日 | 黎巴嫩成为欧洲复兴开发银行运营国； |
| 2017年12月 | 中国银行参与欧洲复兴开发银行发起的哈萨克斯坦锌矿银团贷款项目； |
| 2018年11月 | 欧洲复兴开发银行与中国人民银行、中国工商银行合办“中亚投资论坛”； |
| 2019年7月 | 欧洲复兴开发银行与亚投行联合为土耳其地热项目提供贷款； |
| 2019年9月 | 欧洲复兴开发银行与亚投行为塔吉克斯坦桥梁项目进行联合投资； |
| 2020年1月 | 欧洲复兴开发银行通过“贸易辅助便利机制”（Trade Facilitation Programme），帮助运营国应对新冠肺炎疫情带来的影响； |
| 2020年1月 | 欧洲复兴开发银行发起“土耳其COVID－19医疗应急反应”项目，该项目规模8260万美元，亚投行参与该项目融资； |
| 2020年2月 | 亚投行参与由欧洲复兴开发银行等多家银行联合投资的格鲁吉亚水电项目。 |

# 后　记

自 2016 年启动至今，该书从立项到撰写、校对，历经近五年，终于与广大读者见面了。细心的读者也许会发现，本书尚未涉及的一个重要领域是，英国退欧后，总部位于伦敦的欧洲复兴开发银行将何去何从？

自 2021 年 1 月 1 日起，英国已正式退出欧洲单一市场与欧盟关税同盟。由于欧洲复兴开发银行未被列入退欧谈判内容，目前，该行的未来走向仍不明朗。

笔者认为，“硬”脱欧将是一个双输的结果。退欧后，伦敦的金融中心地位遭到一定程度的挑战，其欧洲金融中心的地位将会有所下降。由于丧失“欧盟护照”地位，英欧金融机构之间的交易成本可能会有所上升。在英国的金融从业人员也同样面临去留的问题。2020 年 11 月，欧洲中央银行强调，总部设在欧元区成员国的金融机构，其在英国的人员和资产应在退欧后撤出，否则将可能面临额外的人工和交易成本。[①] 欧洲复兴开发银行发布研究报告显示，“硬”脱欧不仅会给该行部分所在运营国的出口贸易带来冲击，尤其是波兰和土耳其，而且，还会对东南欧成员国融入欧盟价值链的出口贸易带来间接的负面影响。[②]

---

① Harry Robertson, “Brexit: ECB demands UK banks to move City staff to Europe despite Covid”, 23 November 2020, https://www.cityam.com/brexit-ecb-says-uk-banks-must-move-staff-to-europe-despite-covid/.

② Philipp Paetzold and Olivia Riera, ”Trade exposure of the EBRD countries in the EU: Potential value chain disruptions in a no-deal Brexit outcome”, European Bank for Reconstruction and Development, 29 March 2019, https://www.ebrd.com/news/2019/nodeal-brexit-could-affect-value-chains-in-the-ebrd-regions.html, p. 1.

尽管欧洲复兴开发银行没有在官网上公布其未来安排，但退欧与该行息息相关，尤其是在无协议达成的情况下。一些总部位于伦敦的欧盟机构如欧洲药品局（European Medicines Agency）、欧洲银行监管局（European Banking Authority）等已陆续地搬离到阿姆斯特丹、巴黎等欧盟成员国。2020 年 8 月，欧洲复兴开发银行曾表示，该行可能会搬离金融城，但不会离开伦敦。①

无论离开、或留下，欧洲复兴开发银行都是一家致力于经济转型、绿色增长、越来越具有影响力的地区性开发银行。

诚挚感谢中国社会科学院和社会科学文献出版社“列国志——国际组织志”项目对本书的大力资助。尤其是，在过去的 18 个月里，新冠疫情在全球肆虐，出版社的张晓莉老师、宋浩敏老师依然对本书保持高度的热情和专注。感谢参与本书编校的所有老师的辛勤工作。最后，由衷地感谢中国社会科学院欧洲研究所给予本人的鼓励和支持。

本人独立完成全书的组织和撰写工作。由于能力有限，文中疏漏、不足之处，敬请读者朋友们海涵、指正。

笔者于 2021 年岁初

① Jasper Jolly, “European Bank for Reconstruction and Development plans to remain in London after Brexit”, 18 August 2020, https://www.cityam.com/european-bank-reconstruction-and-development-plans-remain/.

# 国别区域与全球治理数据平台

www.crggcn.com

“国别区域与全球治理数据平台”（Countries，Regions and Global Governance，CRGG）是社会科学文献出版社重点打造的学术型数字产品，对接国别区域这一重点新兴学科，围绕国别研究、区域研究、国际组织、全球智库等领域，全方位整合基础信息、一手资料、科研成果，文献量达30余万篇。该产品已建设成为国别区域与全球治理数据资源与研究成果整合发布平台，可提供包括资源获取、科研技术服务、成果发布与传播等在内的多层次、全方位的学术服务。

从国别区域和全球治理研究角度出发，“国别区域与全球治理数据平台”下设国别研究数据库、区域研究数据库、国际组织数据库、全球智库数据库、学术专题数据库和学术资讯数据库6大数据库。在资源类型方面，除专题图书、智库报告和学术论文外，平台还包括数据图表、档案文件和学术资讯。在文献检索方面，平台支持全文检索、高级检索，并可按照相关度和出版时间进行排序。

“国别区域与全球治理数据平台”应用广泛。针对高校及国别区域科研机构，平台可提供专业的知识服务，通过丰富的研究参考资料和学术服务推动国别区域研究的学科建设与发展，提升智库学术科研及政策建言能力；针对政府及外事机构，平台可提供资政参考，为相关国际事务决策提供理论依据与资讯支持，切实服务国家对外战略。

---

## 数据库体验卡服务指南

※100元数据库体验卡，可在“国别区域与全球治理数据平台”充值和使用

充值卡使用说明：

第1步 刮开附赠充值卡的涂层；

第2步 登录国别区域与全球治理数据平台（www.crggcn.com），注册账号；

第3步 登录并进入“会员中心”→“在线充值”→“充值卡充值”，充值成功后即可使用。

**声明**

最终解释权归社会科学文献出版社所有

客服QQ：671079496

客服邮箱：crgg@ssap.cn

欢迎登录社会科学文献出版社官网（www.ssap.com.cn）和国别区域与全球治理数据平台（www.crggcn.com）了解更多信息

图书在版编目（CIP）数据

欧洲复兴开发银行 / 曹慧著. --北京：社会科学文献出版社，2021.7

（国际组织志）

ISBN 978-7-5201-8579-0

Ⅰ.①欧… Ⅱ.①曹… Ⅲ.①开发银行-概况-欧洲 Ⅳ.①F835.03

中国版本图书馆 CIP 数据核字（2021）第 117310 号

国际组织志
欧洲复兴开发银行

著 者 / 曹 慧

出 版 人 / 王利民
组稿编辑 / 张晓莉
责任编辑 / 宋浩敏

出 版 / 社会科学文献出版社 · 国别区域分社（010）59367078
地址：北京市北三环中路甲 29 号院华龙大厦 邮编：100029
网址：www.ssap.com.cn
发 行 / 市场营销中心（010）59367081 59367083
印 装 / 三河市尚艺印装有限公司

规 格 / 开 本：787mm × 1092mm 1/16
印 张：13 字 数：195 千字
版 次 / 2021 年 7 月第 1 版 2021 年 7 月第 1 次印刷
书 号 / ISBN 978-7-5201-8579-0
定 价 / 89.00 元